Alev Tekinay

# GÜNAYDIN
Einführung in die moderne türkische Sprache

Schlüssel und Wörterverzeichnis zu Teil 1

Alev Tekinay

# GÜNAYDIN

Einführung in die moderne türkische Sprache

unter Mitwirkung von Osman Tekinay

## Schlüssel und Wörterverzeichnis
## zu Teil 1

2., erweiterte und verbesserte Auflage

Reichert Verlag

Die Deutsche Bibliothek - CIP-Einheitsaufnahme

Ein Titeldatensatz für diese Publikation ist bei
Der Deutschen Bibliothek erhältlich

© 2002 Dr. Ludwig Reichert Verlag Wiesbaden
ISBN: 3-89500-276-3

# Inhaltsverzeichnis

Übersetzung der Texte und Dialoge (A)
Schlüssel der Übungen (B)

# Übersetzung der Texte und Dialoge, Schlüssel der Übungen

# 1 A

## S

a)    Was ist das?
      Das ist ein Buch.
      Und was ist das da?
      Das ist eine Zeitung.

b)    Wer ist das?
      Das ist Arzu Ersoy.
      Und wer ist das da?
      Das ist Metin Gürpınar.

c)    Ist das ein Fahrrad?
      Ja, das ist ein Fahrrad.
      Ist das ein Radio?
      Nein, das ist kein Radio, das ist ein Fernseher.

d)    Ist das Arzu Ersoy?
      Nein, das ist nicht Arzu Ersoy, das ist Metin Gürpınar.

e)    Wer sind das?
      Das sind Ferdi und Sinan.

f)    Was sind das?
      Das sind Zeitungen.
      Sind diese Zeitungen in türkischer Sprache?
      Ja, diese Zeitungen sind in türkischer Sprache.
      Und diese Zeitungen da?
      Die da sind nicht in türkischer Sprache, die sind in deutscher Sprache.

## D 1

Guten Morgen.
Guten Morgen.
Wie geht es Ihnen?
Danke, mir geht's gut. Und Ihnen?
Danke, Mir geht's auch gut.
Auf Wiedersehen.
Auf Wiedersehen.

## D 2

Grüß Gott.
Grüß Gott. Wie geht's dir?
Danke, mir geht's gut. Und dir?
Danke, mir geht's auch gut.
Auf Wiedersehen.
Auf Wiedersehen.

## Karikatur

1. Sprechblase:        Mensch, Hilmi, wie geht es dir?
Letzte Sprechblase:    Danke, es geht mir gut.

## 1 B

## Ü 2   (Lückentest)

a)    Günaydın.
      Teşekkür ederim, iyiyim. Ya siz?
      Allaha ısmarladık.

b)    Merhaba.
      Teşekkür ederim, iyiyim. Ya sen?
      Görüşürüz.

## Ü 3                                                              1

1.    Bu radyo mu? Evet, bu radyo. / Hayır, bu radyo değil, bu, televizyon.
2.    Bu sigara mı? Evet, bu sigara. / Hayır, bu sigara değil, bu, çakmak.
3.    Bu Arzu Ersoy mu? Evet, bu Arzu Ersoy. / Hayır, bu Arzu Ersoy değil, bu, Metin Gürpınar.
4.    Bu otomobil mi? Evet, bu otomobil. / Hayır, bu otomobil değil, bu, bisiklet.
5.    Bu kalem mi? Evet, bu kalem. / Hayır, bu kalem değil, bu, kâğıt.
6.    Bu kapı mı? Evet, bu kapı. / Hayır, bu kapı değil, bu, pencere.
7.    Bu sandalye mi? Evet, bu sandalye. / Hayır, bu, sandalye değil, bu, masa.
8.    Bu gözlük mü? Evet, bu gözlük. / Hayır, bu gözlük değil, bu, lamba.
9.    Bu pantalon mu? Evet, bu pantalon. / Hayır, bu pantalon değil, bu, ceket.
10.   Bu dolap mı? Evet, bu dolap. / Hayır, bu dolap değil, bu, sandalye.
11.   Bu otobüs mü? Evet, bu otobüs. / Hayır, bu otobüs değil, bu, araba.
12.   Bu tahta mı? Evet, bu tahta. / Hayır, bu tahta değil, bu, tebeşir.
13.   Bu kitap mı? Evet, bu kitap. / Hayır, bu kitap değil, bu, çanta.
14.   Bu gazete mi? Evet, bu gazete. / Hayır, bu gazete değil, bu, dergi.
15.   Bu manto mu? Evet, bu manto. / Hayır, bu manto değil, bu, ceket.

## Ü 4

A: 1, B: 4, C: 5, D: 6, E: 3, F: 7, G: 2

## Ü 5

| | | |
|---|---|---|
| kitap, | otobüs, | sandalye, |
| kitaplar radyo | otobüsler | sandalyeler |
| radyolar | pantalon, | pencere, |
| televizyon, | pantalonlar | pencereler |
| televizyonlar | kapı, | çanta, |
| bisiklet, | kapılar | çantalar |
| bisikletler | gazete, | masa, |
| | gazeteler | masalar |

# 2 A

## S 1

Wie heißen Sie?
Ich heiße Arzu Ersoy. Ich bin Türkin, ich komme aus Ankara.
Ich bin Lehrerin. Ich bin verheiratet.
Sehr erfreut, gnädige Frau. Ich heiße Metin Gürpınar. Ich bin
auch Türke. Ich bin Rechtsanwalt. Ich bin ledig.
Hat mich auch gefreut.

## S 2

a)      Wie heißt du?
          Ich heiße Ferdi Eder.
          Bist du Student?
          Ja, ich bin Student.
          Bist du Türke?

b)      Nein, ich bin nicht Türke, ich bin Deutscher.
          Bist du verheiratet?
          Nein, ich bin nicht verheiratet, ich bin verlobt. Und du?
          Ich bin auch Student und ledig.
          Wie heißt du?
          Ich heiße Sinan Özdemir.
          Du bist Türke, nicht wahr?
          Ja, ich bin Türke.
          Woher kommst du?
          Ich bin aus Kars. Und du?
          Ich bin aus Augsburg.

**T**

Das ist Arzu Ersoy. Frau Arzu ist Türkin, sie ist aus Ankara. Sie ist Lehrerin. Sie ist verheiratet. Das ist Metin Gürpınar. Herr Metin ist auch Türke, er ist aus İzmir. Er ist Rechtsanwalt. Er ist ledig. Das sind Ferdi und Sinan. Ferdi ist Deutscher, Sinan ist Türke. Ferdi und Sinan sind Studenten. Ferdi ist aus Augsburg, Sinan ist aus Kars. Ferdi ist verlobt, Sinan ist ledig. Das ist Sabine Huber. Frau Huber ist aus Köln.

**2**

**D 1**

Sinan:    Darf ich vorstellen, das ist Ferdi Eder, das ist Arzu Ersoy.

Ferdi:    Hat mich gefreut, Frau Ersoy. Sie sind Türkin, nicht wahr?

Arzu:    Ja, ich bin Türkin, Herr Eder.

Ferdi:    Woher (aus welcher Stadt) kommen Sie?

Arzu:    Ich bin aus Ankara. Und Sie?

Ferdi:    Ich bin aus Augsburg.

Sinan:    Ah, grüß dich, Sabine.

Sabine:  Hallo, Freunde.

Sinan:    Darf ich vorstellen, das ist Arzu Ersoy, das ist Sabine Huber.

Arzu:    Sind Sie auch aus Augsburg, Fräulein Sabine?

Sabine:  Nein, ich bin nicht aus Augsburg, ich bin aus Köln.

**D 2**

Ferdi:    Sinan, was heißt ‚Schrank' auf Türkisch?

Sinan:    Auf Türkisch heißt ‚Schrank' dolap.

Ferdi:    Wie bitte? Noch einmal bitte.

Sinan:    Do-lap.

Ferdi:    Alles klar. Auf Türkisch heißt ‚Schrank' dolap.

**Karikatur**

1. Bild:  Aua

2. Bild:  Hej! Wer bist du denn?

3. Bild:  Ich? Ich bin Hüdaverdi.

## 2 B

### Ü 1

| | | | |
|---|---|---|---|
| a. | Yorgunuz | g. | Serap'ım. |
| b. | Evliyim. | h. | Açız. |
| c. | Arzu Ersoy öğretmen. | ı. | Tokum. |
| d. | Sinan öğrenci. | i. | Öğrenciler Alman. |
| e. | Hastasınız. | j. | Profesör Türk. |
| f. | Çalışkansın. | k. | Çocuklar çalışkan. |

### Ü 2

1. Erol yorgun mu? Evet, yorgun. / Hayır, yorgun değil.
2. Tok muyuz? Evet, tokuz. / Hayır, tok değiliz.
3. Öğrenciler çalışkan mı? Evet, çalışkanlar. / Hayır, çalışkan değiller.
4. Aydın Bey profesör mü? Evet, profesör. / Hayır, profesör değil.
5. Martin şoför mü? Evet şoför. / Hayır, şoför değil.
6. Evli misiniz? Evet, evliyim (evliyiz). / Hayır evli değilim (değiliz).
7. Orhan bekâr mı? Evet, bekâr. / Hayır, bekâr değil.
8. Yorgun musun? Evet, yorgunum. / Hayır, yorgun değilim.
9. Doktor musunuz? Evet, doktorum (doktoruz). / Hayır, doktor değilim (değiliz).
10. Üzgün müyüz? Evet, üzgünüz. / Hayır, üzgün değiliz.

### Ü 3

1. Ferdi Alman, değil mi? Evet, Alman.
2. Arzu Hanım öğretmen, değil mi? Evet, öğretmen.
3. Metin Bey avukat, değil mi? Evet, avukat.
4. Hastasınız, değil mi? Evet, hastayım (hastayız).
5. Sabine Kölnlü, değil mi? Evet, Kölnlü.
6. Çocuklar çalışkan, değil mi? Evet, onlar çalışkan (çalışkanlar).
7. Erol tembel, değil mi? Evet, tembel.
8. Sinan Karslı, değil mi? Evet, Karslı.
9. Doktorsunuz, değil mi? Evet, doktorum (doktoruz).
10. Augsburgluyuz, değil mi? Evet, Augsburgluyuz.

## Ü 4

1.   Nilgün Türk, Erol da Türk.
2.   Biz çalışkanız, siz de çalışkansınız.
3.   Ahmet işsiz, Yaşar da işsiz.
4.   Ben hastayım, sen de hastasın.
5.   Arzu Hanım öğretmen, Helga Hanım da öğretmen.
6.   Metin Bey avukat, Franz Bey de avukat.
7.   Bu kitaplar Türkçe, şu kitaplar da Türkçe.
8.   Bu gazeteler Almanca, şu gazeteler de Almanca.
9.   Siz üzgünsünüz, biz de üzgünüz.
10.  Sinan öğrenci, Ferdi de öğrenci.


## Ü 5

1.   Ich bin Deutsche(r).
2.   Du bist Türke. (Türkin).
3.   Öğrencisin.
4.   Profesör.
5.   Er (sie) ist verheiratet.
6.   Bekârız.
7.   Wir sind krank.
8.   Ihr seid (Sie sind) Fahrer.
9.   Sie sind fleißig.
10.  Erol ist faul.
11.  Avukatım.
12.  Hastasın.
13.  Seid ihr (sind Sie) verrückt?
14.  Sie sind arbeitslos.
15.  Sie sind keine Polizisten.
16.  Doktor musunuz?
17.  Üzgün değiliz.
18.  Çalışkan değil.
19.  Öğrenciler çalışkan.
20.  Evli misiniz?
21.  Ist Ferdi ledig?
22.  Ist Sabine keine Studentin?
23.  Hasta değil mi?
24.  Seid ihr (sind Sie) nicht traurig?
25.  Sind sie nicht krank?

## Ü 6

1. Nerelisiniz? Ürgüplüyüm (Ürgüplüyüz).
2. Aydın nereli? Gaziantepli.
3. Sinan nereli? Karslı.
4. Metin Bey nereli? İzmirli.
5. Nerelisin? Frankfurtluyum.
6. Sabine nereli? Kölnlü.
7. Nereliyiz? Münihliyiz.
8. Arzu Hanım nereli? Ankaralı.
9. Nereliyim? istanbulluyum.
10. Öğrenciler nereli? Onlar Augsburglu (Augsburglular).


## Ü 7

1. Evet, Alman.
2. Evet, Türk.
3. Hayır, Sinan öğretmen değil, öğrenci.
4. Hayır, Ferdi evli değil, nişanlı.
5. Hayır, Sinan nişanlı değil, bekâr.
6. Hayır, Arzu Ersoy öğrenci değil, öğretmen.
7. Arzu Ersoy Ankaralı.
8. Evet, Metin Gürpınar avukat.
9. Hayır, Sabine Huber Augsburglu değil, Kölnlü.
10. Hayır, Metin Gürpınar Karslı değil, İzmirli.

# 3 A

## T                                                                                    3

Jetzt ist Frau Arzu in der Schule, Herr Metin ist im Büro. Der Vater ist auch im Büro, die Mutter ist in der Küche, die Kinder sind im Garten. Ferdi und Sinan sind in der Universität. Sabine ist in der Klasse. Ayşe ist zu Hause, Mehmet ist in der Fabrik. Semra ist beim Nachbarn. Die Jugendlichen sind im Kino. Nuray ist beim Arzt. Selim ist in der Türkei, Oya hingegen in Ulm.

## S 1

a)    Wo ist das Heft?
      Das Heft ist hier.
      Wo ist der Stift.
      Der Stift ist dort.
      Wo ist die Tasche?
      Die Tasche ist da.

b)    Wo ist Ayşe?
      Ayşe ist zu Hause.
      Wo ist Mehmet?
      Mehmet ist in der Fabrik.
      Wo sind die Studenten?
      Sie sind in der Universität.
      Wo ist der Professor?
      Er ist auch in der Uni.

c)    Sind Sie heute zu Hause?
      Nein, heute bin ich nicht zu Hause, ich bin bei der Ayşe.
      Und Sie?
      Ich bin heute zu Hause, morgen bin ich im Büro.

## S 2

Wo ist das Buch?
Das Buch ist in der Tasche.
Was gibt es noch in der Tasche?

Fünf Stifte, zwei Radiergummis, drei Bleistiftspitzer und vier Zeitschriften.
Wieviel Lineale gibt es in der Tasche?
In der Tasche gibt es kein Lineal.


## D 1

a)   Wie alt bist du, Sinan?
      Ich bin 22 Jahre alt.
      Wie alt ist Frau Arzu?
      Sie ist 33 Jahre alt.

b)   Wie alt sind Sie, Herr Metin?
      Ich bin 44 Jahre alt. Und Sie?
      Ich bin 29 Jahre alt.

c)   Sinan, wieviele Personen seid Ihr im Unterricht?
      Wir sind 16 Personen.
      Herr Metin, wieviele Personen sind Sie im Büro?
      Wir sind vier Personen.
      Frau Arzu, wieviele Personen sind Sie in der Klasse?
      Wir sind 20 Personen, 19 Schüler und ich.


## D 2

      Hast du ein Türkischbuch?
      Ja, ich habe ein Türkischbuch.
      Hast du Geld?
      Leider habe ich kein Geld.
      Was? Du hast kein Geld?
      Nein, ich habe kein Geld.
      Wer hat Geld?
      Sabine.


## Karikatur

1. Bild:   Wie geht's, Ayşe? (wörtlich: gibt's was Neues?) Alles bestens (wörtlich: Güte und Schönheit).
2. Bild:   Und wie geht's dir, Hüdaverdi? (gibt es bei dir etwas?)
3. Bild:   Nur Güte.

# 3 B

## Ü 1

1.  Neredesiniz? - Okuldayım (Okuldayız).
2.  Çocuklar nerede? - Onlar sinemada (sinemadalar).
3.  Nuray nerede? - Doktorda.
4.  Neredesin? - Bürodayım.
5.  Neredeyiz? - Üniversitedeyiz.
6.  Yaşar nerede? - Bremen'de.
7.  Hans nerede? - Erzurum'da.
8.  Neredeyiz? - Almanya'dayız.
9.  Selim nerede? - Türkiye'de.
10. Neredesiniz?- Bahçedeyim (Bahçedeyiz).

## Ü 3

1.  Kaç yaşındasınız? - Otuz altı yaşındayım.
2.  Akın kaç yaşında? - On sekiz yaşında.
3.  Çocuklar kaç yaşında? - Onlar dokuz yaşında (Dokuz yaşındalar).
4.  Baba kaç yaşında? - Elli iki yaşında.
5.  Anne kaç yaşında? - Kırk sekiz yaşında.
6.  Kaç yaşındasın? - Yirmi beş yaşındayım.
7.  Semra kaç yaşında? - Otuz beş yaşında.
8.  Sabine kaç yaşında? Yirmi bir yaşında.

## Ü 4

1.  Sınıfta kaç kişisiniz? - On beş kişiyiz.
2.  Kursta kaç kişisiniz? - Yirmi bir kişiyiz.
3.  Evde kaç kişisiniz? - Beş kişiyiz.
4.  Okulda kaç kişisiniz? - Yedi yüz elli kişiyiz.
5.  Büroda kaç kişisiniz? - Altı kişiyiz.
6.  Fabrikada kaç kişisiniz? - Beş yüz seksen kişiyiz.

## Ü 5

1.   Çantada üç tane kalemtıraş var.
2.   Şimdi Metin Bey büroda.
3.   Semra komşuda.
4.   Ferdi ve Sinan üniversitede.
5.   ?
6.   Arzu Hanım otuz üç yaşında.
7.   Sinan yirmi iki yaşında.
8.   ?


## Ü 6

1.   Sende kitap var mı? Evet, bende kitap var / Hayır, bende kitap yok.
2.   Nilgün'de bisiklet var mı? Evet, Nilgün'de bisiklet var / Hayır, Nilgün'de bisiklet yok.
3.   Semra'da domates var mı? Evet, Semra'da domates var / Hayır, Semra'da domates yok.
4.   Bizde ekmek var mı? Evet, bizde ekmek var / Hayır, bizde ekmek yok.
5.   Sizde çakmak var mı? Evet, bende (bizde) çakmak var / Hayır, bende (bizde) çakmak yok.
6.   Nuray'da sigara var mı? Evet, Nuray'da sigara var / Hayır, Nuray'da sigara yok.
7.   Çocuklarda top var mı? Evet, çocuklarda top var / Hayır, çocuklarda top yok.
8.   Sende kalem var mı? Evet, bende kalem var / Hayır, bende kalem yok.
9.   Sinan'da televizyon var mı? Evet, Sinan'da televizyon var / Hayır, Sinan'da televizyon yok.
10.  Bizde radyo var mı? Evet, bizde radyo var / Hayır, bizde radyo yok.


## Ü 7

1.   Sende çanta var mı?
2.   Sizde kalemtıraş var mi?
3.   Sind Sie (seid ihr) heute zu Hause?
4.   Der Professor ist heute nicht in der Uni.
5.   Kimde bisiklet var?
6.   Çocuklar şimdi sinemada.
7.   Sabine ist morgen in der Uni.
8.   Yarın büroda değil misiniz?
9.   Dolapta bir çanta var.
10.  Die Tasche ist im Schrank.

## Ü 8

A: 1, B: 8, C: 7, D: 6, E: 4, F: 3, G: 2, H: 5.

# 4 A

4

## T 1

Das ist Peter Ruf. Herr Ruf kommt aus Bremen. Er wohnt in München, aber er arbeitet in Augsburg. Er ist Assistent. Er ist verlobt. Er ist 27 Jahre alt. Das sind Ferdi und Sinan. Ferdi ist Deutscher, Sinan ist Türke. Sie sind Studenten, sie studieren Pädagogik an der Uni. Auch Sabine Huber ist Studentin. Sie studiert Volkswirtschaft.

## S 1

a)     Was machst du?
       Ich? Ich schreibe einen Brief.
       Was macht Ayşegül?
       Sie liest ein Buch.

b)     Wo wohnen Sie, Herr Peter?
       Ich wohne in München, aber ich arbeite in Augsburg.
       Was machen Sie beruflich?
       Ich arbeite als Assistent an der Universität.

## S 2

Treibst du Sport?
Nein, ich treibe keinen Sport.
Hörst du Musik?
Nein, ich höre keine Musik.
Tanzt du?
Nein, ich tanze nicht.
Du bist sehr dumm.
Wie bitte? Ich habe nicht verstanden.

## T 2

In diesem Augenblick klingelt zu Hause das Telefon. Ali spielt Laute im Park. Der Dieb stiehlt Geld. Die Kinder sitzen im Zimmer und schauen fern. Gül bügelt. Die Jugendlichen hören Musik und tanzen. Mehmet trinkt Raki, Selim raucht. Ferdi ißt eine Suppe. Özcan spielt im Garten Ball.

## D

a)    Können Sie Türkisch?
      Ja, ich kann etwas Türkisch.
      Kann Max Türkisch?
      Ja, er kann sehr wenig Türkisch.
      Spricht Gisela Türkisch?
      Ja, einigermaßen.
      Spricht der Professor Türkisch?
      Herr Weber? Er spricht sehr gut Türkisch.

b)    Lernt Peter Türkisch?
      Ja, Peter lernt Türkisch.
      Lernt auch Helga Türkisch?
      Nein, Sie lernt nicht Türkisch, sie lernt Italienisch.

## 1. Karikatur

1. Bild:   Rıfkı, Rıfkı, im Zimmer ist ein Geräusch.
3. Bild:   Nicht (so) wichtig, der Dieb spielt Gitarre.

## 2. Karikatur

1. Bild:   Onkel Nuri spielt wieder Zauberer. / Läßt er wieder die Sachen verschwinden?
2. Bild:   Ja, dieses Mal ist der Kuchen dran.

# 4 B

## Ü 1

1.  Peter ne yapıyor? / Türkçe öğreniyor.
2.  Ayşegül ne yapıyor? / Kitap okuyor.
3.  Ali ne yapıyor? / Saz çalıyor.
4.  Gisela ne yapıyor? / Yemek pişiriyor.
5.  Ne yapıyorsunuz? / Televizyon seyrediyorum (seyrediyoruz).
6.  Gül ne yapıyor? / Ütü yapıyor.
7.  Gençler ney yapıyor? / Dans ediyorlar (onlar dans ediyor).
8.  Ferdi ne yapıyor? / Domates alıyor.

**4**

## Ü 2

1.  Gül nerede oturuyor? / İstanbul'da oturuyor.
2.  Sinan nerede oturuyor? / Augsburg'ta oturuyor.
3.  Nerede oturuyorsun? / Zonguldak'ta oturuyorum.
4.  Kemal Bey nerede oturuyor? / Edirne'de oturuyor.
5.  Profesör nerede oturuyor? / Göggingen'de oturuyor.

## Ü 3

1.  Ali Dortmund'da oturuyor ama, Duisburg'ta çalışıyor.
2.  Üsküdar'da oturuyorum ama, Taksim'de çalışıyorum.
3.  Ahmet Bey Orhangazi'de oturuyor ama, Bursa'da çalışıyor.
4.  İzmir'de oturuyorsunuz ama, Bornova'da çalışıyorsunuz.

## Ü 4

1.  Metin Bey ne iş yapıyor? - Avukat / Avukat olarak çalışıyor.
2.  Ne iş yapıyorsun? - Doktorum / Doktor olarak çalışıyorum.
3.  Ne iş yapıyorsunuz? - Profesörüm / Profesör olarak çalışıyorum.
4.  Peter ne iş yapıyor? - Asistan / Asistan olarak çalışıyor.

## Ü 5   (zum Beispiel ...)

1.    Baba gazete okuyor.
2.    Anne domates alıyor.
3.    Kitap okuyoruz. (Mektup yazıyoruz.)
4.    Gençler müzik dinliyor.
5.    Ali saz çalıyor (kitap okuyor, mektup yazıyor, müzik dinliyor)
6.    Rakı içiyorsun (kitap okuyorsun, mektup yazıyorsun ...)

## Ü 6

1.    Selim domates yiyor mu? - Evet yiyor / Hayır, yemiyor.
2.    İngilizce konuşuyor musunuz - Evet konuşuyorum (konuşuyoruz) / Hayır,
      konuşmuyorum (konuşmuyoruz).
3.    İtalyanca biliyor musun? - Evet, biliyorum / Hayır, bilmiyorum.
4.    Kemal kitap okuyor mu? - Evet, okuyor / Hayır, okumuyor.
5.    Gül ütü yapıyor mu? - Evet yapıyor / Hayır, yapmıyor.
6.    Televizyon seyrediyor muyuz? - Evet, seyrediyoruz / Hayır, seyretmiyoruz.
7.    Ferdi pedagoji okuyor mu? - Evet, okuyor / Hayır, okumuyor.
8.    Çocuklar bahçede futbol oynuyor mu? - Evet, oynuyorlar / Hayır, oynamıyorlar.

## Ü 7

1.    Sen gülüyorsun, ben ağlıyorum.
2.    Ali saz çalıyor, Fritz gitar çalıyor.
3.    Siz ispanyolca öğreniyorsunuz, biz Türkçe öğreniyoruz.
4.    Sen Almanca biliyorsun, ben Türkçe biliyorum.
5.    Ali kahve pişiriyor, Gül kahve içiyor.
6.    Kemal müzik dinliyor, Helga film seyrediyor.

## Ü 8

1.    Anne dans etmiyor mu? / Hayır, etmiyor.
2.    Çay içmiyor musun? / Hayır, içmiyorum.
3.    Gençler kitap okumuyor mu? / Hayır, okumuyorlar.
4.    Gitar çalmıyor musunuz? / Hayır, çalmıyorum (çalmıyoruz).
5.    Şu anda telefon çalmıyor mu? / Hayır, çalmıyor.
6.    Ütü yapmıyor musun? / Hayır, yapmıyorum.
7.    Gisela film seyretmiyor mu? / Hayır, seyretmiyor.
8.    Dondurma yemiyor muyuz? / Hayır, yemiyoruz.

# Ü 9

1.    Peter asistan (olarak çalışıyor), Münih'te oturuyor, Augsburg'ta çalışıyor.
2.        ?
3.    Sinan pedagoji okuyor, Sabine iktisat okuyor.
4.        ?
5.    Evet, Peter Türkçe öğreniyor.
6.        ? (Türkçe, değil mi?)

**4**

# Ü 10

1.    İngiliz değilsin, İngilizce bilmiyorsun.
2.    Tom Alman değil, Almanca bilmiyor.
3.    Macar değilsiniz, Macarca bilmiyorsunuz.
4.    İspanyol değiliz, İspanyolca bilmiyoruz.
5.    Peter Fransız değil, Fransızca bilmiyor.
6.    Kemal İtalyan değil, İtalyanca bilmiyor.
7.    Arap değilim, Arapça bilmiyorum.
8.    Türk değilsin, Türkçe bilmiyorsun.

# Ü 11

1.    Sende Türkçe kitabı yok.
2.    Peter rakı içmiyor.
3.    Deli değilsiniz
4.    Bügün evde değiliz.
5.    Gül ütü yapmıyor.
6.    Ferdi ekmek almıyor.

# Ü 12

1.    a)    Peter mi Türkçe öğreniyor?
      b)    Peter Türkçe mi öğreniyor?
      c)    Peter Türkçe öğreniyor mu?

2.    a)    Ahmet mi üniversitede pedagoji okuyor?
      b)    Ahmet üniversitede mi pedagoji okuyor?
      c)    Ahmet üniversitede pedagoji mi okuyor?
      d)    Ahmet üniversitede pedagoji okuyor mu?

3.    a)    Baba mı bugün evde gazete okuyor?

      b)    Baba bugün mü evde gazete okuyor?

      c)    Baba bugün evde mi gazete okuyor?

      d)    Baba bugün evde gazete mi okuyor?

      e)    Baba bugün evde gazete okuyor mu?


4.    a)    Sabine mi şimdi mutfakta yemek pişiriyor?

      b)    Sabine şimdi mi mutfakta yemek pişiriyor?

      c)    Sabine şimdi mutfakta mı yemek pişiriyor?

      d)    Sabine şimdi mutfakta yemek pişiriyor mu?


# 5 A


## S

Woher kommst du?

Ich komme vom Kurs.

Was machst du im Kurs?

Ich lerne Türkisch. Und woher kommst du?

Ich komme vom Büro.

Was machst du im Büro?

Ich arbeite als Sekretär.

Woher kommt Frau Gönül?

Sie kommt vom Lebensmittelhändler.


## D 1

**Frau Gönül kauft beim Lebensmittelhändler ein**

G.:    Guten Tag.

L.:    Guten Tag, ja bitte?

G.:    Haben Sie Tomaten?

L.:    Ja.

G.:    Wie sind die Tomaten heute?

L.:    Die Tomaten sind heute sehr frisch.

G.:    Was kosten sie?

L.:    Ein Kilo ... Lira.

G.: Ein Kilo Tomaten, bitte.

L.: Jawohl. Möchten Sie sonst noch was?

G.: Haben Sie Honig- oder Wassermelonen?

L.: Wir haben keine Wassermelonen, aber Honigmelonen. Ein Stück kostet ... Lira.

G.: Teuer, aber na ja. Ich möchte auch zwei Stück Honigmelonen.

L.: Jawohl.

G.: Was kostet der Schafskäse?

L.: Ein Kilo ... Lira.

G.: Ich möchte auch ein Pfund Schafskäse.

L.: Ja, hier bitte, ein Pfund Schafskäse.

G.: Haben Sie Oliven?

L.: Heute haben wir leider keine Oliven.

**5**

G.: Also dann 250g Pastirma, 750g Sucuk und eineinhalb Kilo Zucker, bitte, und ein Stück Brot.

L.: Jawohl. Sonst noch etwas (Außerdem)?

G.: Ich möchte auch drei Flaschen kaltes Bier. Das ist alles. Was macht alles zusammen?

L.: Einen Moment, ich rechne zusammen. Ein Kilo Tomaten ... Lira, zwei Stück Honigmelonen ... Lira ... alles (macht) ... Lira.

G.: Hier bitte, ... Lira.

L.: Danke. Hier das Restgeld. Kommen Sie wieder.

G.: Auf Wiedersehn. Gutes Geschäft.

L.: Danke. Schönen Tag noch.

## D 2

a) Was kauft Frau Gönül außer Tomaten?
   Sie kauft viele Sachen. Zum Beispiel kauft sie auch Honigmelonen und Schafskäse.
   Kannst du außer Türkisch (auch) andere Sprachen?
   Ja, ich kann auch etwas Englisch.
   Was trinkt Herr Metin außer Raki?
   Er trinkt auch Bier.

b) Seit wann lernst du Türkisch?
   Seit einem Monat lerne ich Türkisch.
   Auch ich lerne ab morgen Türkisch.
   Was macht ihr (machen Sie) nach dem Essen?
   Nach dem Essen trinken wir Kaffee.
   Was macht ihr vor dem Unterricht?
   Vor dem Unterricht machen wir Sport.

## D 3

Ist das Wetter heute warm?

Nein, heute ist das Wetter nicht warm, (sondern) kalt.

Ist Sinan alt?

Nein, Sinan ist nicht alt, (er ist) jung.

Sind die Studenten faul?

Nein, sie sind nicht faul, (sie sind) fleißig.

Ist die Honigmelone billig?

Nein, die Honigmelone ist nicht billig, (sie ist) teuer.

Ist Ayten häßlich?

Nein, Ayten ist nicht häßlich, (sie ist) hübsch.

## T

Heute kauft Frau Gönül beim Lebensmittelhändler ein. Sie kauft ein Kilo Tomaten, zwei Honigmelonen, ein Pfund Schafskäse und auch andere Sachen. Frau Gönül ist mit dem Lebensmittelhändler zufrieden. Seit fünf Jahren kauft sie bei diesem Lebensmittelhändler ein.

Hans lernt ab morgen Türkisch an der Volkshochschule. Vor dem Kurs kauft er ein Türkischbuch und zwei Wörterbücher. Nach dem Kurs kauft er beim Supermarkt ein.

## Übersetzung des Liedtextes

Es regnet, es gießt in Strömen,

das Mohrenmädchen schaut aus dem Fenster hinaus.

## 5 B

## Ü 1

a.     Nereden geliyorsunuz? / Doktordan geliyorum (geliyoruz).

b.     Ayşe nereden geliyor? / Evden geliyor.

c.     Gönül Hanım nereden geliyor? / Bakkaldan geliyor.

d.     Öğrenciler nereden geliyor? / Üniversiteden geliyorlar.

e.     Baba nereden geliyor? / İzmir'den geliyor.

f.  Sabine nereden geliyor? / Mutfaktan geliyor.

g.  Hans nereden geliyor? / Kurstan geliyor.

h.  Nereden geliyorsunuz? / Arzu Hanım'dan geliyorum (geliyoruz).

ı.  Mehmet nereden geliyor? / Fabrikadan geliyor.

i.  Fatma nereden geliyor? / Sivas'tan geliyor.

## Ü 2  z. B.:

1.  Filiz mutfaktan bira getiriyor.

2.  Can kasaptan et alıyor.

3.  Öğrenciler kantinden çay getiriyor.

4.  Kitaplıktan kitap getiriyoruz.

5.  Bürodan kâğıt getiriyorum.

5

## Ü 3

Merhaba / Domates var mı? / Domates bugün nasıl? / Kavun da var mı?/ Kavun kaça? / Sucuk var mı?

## Ü 4

1.  Kim kursta Türkçe öğreniyor? / Hans nerede Türkçe öğreniyor? / Hans kursta ne öğreniyor?

2.  Kim bakkaldan ekmek alıyor? / Gül kimden ekmek alıyor? Gül bakkaldan ne alıyor?

3.  Ekmek nasıl? / Ne taze?

4.  Kim mutfaktan bira getiriyor? / Fatma nereden bira getiriyor? Fatma mutfaktan ne getiriyor?

5.  Bira nasıl? / Ne soğuk?

6.  Mektup kimden geliyor?

7.  Kimde çakmak var?

8.  Kim üniversitede pedagoji okuyor? / Sinan nerede pedagoji okuyor? / Sinan üniversitede ne okuyor?

## Ü 5

1.  Mutfakta kaç tane bira var?

2.  Mutfakta kaç tane ekmek var?

3.  Gönül Hanım ne kadar pastırma alıyor?

4.  Sınıfta kaç tane öğrenci var?

5.    Nuray ne kadar şeker alıyor?
6.    Hans kaç tane sözlük ve kaç tane defter alıyor?
7.    Ferdi kaç tane domates yiyor?
8.    Çocuklar ne kadar muz yiyor?

# Ü 6

1. -ten sonra / 2. -den başka / 3. -ten önce (oder sonra) / 4. -dan itibaren / 5. -tan önce /
6. -ten başka / 7. -dan beri

# Ü 7

A:    1, B: 5, C: 6, D: 2, E: 3, F: 7, G: 4

# Ü 8

a.    Ev büyük mü? - Hayır, küçük.
b.    Kavun ucuz mu? - Hayır, pahalı.
c.    Ekmek bayat mı? - Hayır, taze.
d.    Baba yaşlı mı? - Hayır, genç.
e.    Tembel misiniz? - Hayır, çalışkanız (çalışkanım).
f.    Bisiklet eski mi? - Hayır, yeni.
g.    Üniversite uzak mı? - Hayır, yakın.
h.    İyi misin? - Hayır, hastayım.
ı.    Radyo bozuk mu? - Hayır, sağlam.
i.    Cümle doğru mu? - Hayır, yanlış.
j.    Aç mısınız? - Hayır tokum (tokuz).
k.    Türkçe zor mu? - Hayır, kolay.
l.    Çanta ağır mı? - Hayır, hafif.
m.    Yol uzun mu? - Hayır, kısa.
n.    Pencere açık mı? - Hayır, kapalı.
o.    Ali fakir mi? - Hayır, zengin.
ö.    Sepet boş mu? - Hayır, dolu.

# Ü 9

1.    Baba yeni bir araba alıyor.
2.    Yeni araba kırmızı.
3.    Bay Braun yeni bir evde oturuyor.
4.    Gül taze bir ekmek alıyor.

5.    Ferdi mutfaktan soğuk bir bira getiriyor (alıyor).
6.    Hans yarından itibaren Türkçe öğreniyor.

## Ü 10

1.    Gönül Hanım bakkaldan domates, kavun, beyaz peynir, pastırma, sucuk, şeker, ekmek ve bira alıyor.
2.    Evet, domates taze.
3.    Maalesef bakkalda bugün zeytin yok.
4.    Gönül Hanım beş yıldan beri bu bakkaldan alışveriş ediyor.
5.    Evet, Gönül bakkaldan memnun.
6.    Hans Volkshochschule'de Türkçe öğreniyor.
7.    Hans kurstan önce bir Türkçe kitabı ve iki tane sözlük alıyor.

6

# 6 A

## S 1

a)    Wohin gehst du?
       Ich gehe ins Kino.
       Viel Spaß!
       Danke. Wohin gehst du?
       Ich fahre in die Türkei in Urlaub.
       Also dann gute Reise und schöne Ferien!

b)    Wohin gehst du?
       Ich gehe zur Arbeit.
       Womit fährst du zur Arbeit?
       Ich fahre nicht, ich gehe zu Fuß.
       Wohin gehen Ayşe und Ali?
       Sie fahren mit dem Fahrrad in den Park.

## T

**Peter fährt jeden Tag mit dem Auto zur Arbeit**

Peter fährt jeden Tag mit dem Auto zur Arbeit. Die Kinder fahren mit dem Fahrrad zur Schule. Gisela fährt jede Woche mit dem Zug von Köln nach Düsseldorf. Herr Metin fährt jeden Monat nach Ankara. Manchmal fährt er mit dem Zug, aber im allgemeinen fliegt er. Gül geht heute zum Metzger, sie kauft Fleisch. Dann geht sie zum Obst- und Gemüse-händler, kauft Gemüse und Obst. Dann geht sie in die Bäckerei und kauft frisches Brot. Heute abend kommen Gäste. Gül möchte für die Gäste ein gutes Essen vorbereiten

## S 2

Ich brauche einen Stift. Hast du einen Stift?

Leider habe ich keinen Stift, aber ein Türkischbuch.

Ich brauche das Türkischbuch nicht, ich suche einen Stift.

Warum suchst du einen Stift?

Weil ich einen Brief schreiben möchte.

An wen möchtest du schreiben?

An Ali.

## S 3

Wohin gehst du?

Ich gehe zum Metzger.

Warum gehst du zum Metzger?

Weil ich Fleisch brauche. Wohin gehst du?

Ich gehe zum Obst- und Gemüsehändler.

Warum gehst du zum Obst- und Gemüsehändler?

Weil ich Obst und Gemüse brauche.

Wohin geht Ahmet?

Er geht zur Bäckerei.

Warum geht er zur Bäckerei?

Weil er Brot braucht.

Wohin geht Peter?

Er geht zum Postamt.

Warum geht er zum Postamt?

Weil er ein Paket nach Deutschland schicken möchte.

Wohin geht Hans?

Er geht auf die Bank.

Warum geht er auf die Bank?

Weil er Geld wechseln möchte.

## S 4

a)     Lerne Türkisch!

       Gut, ich lerne Türkisch.

       Sprecht Türkisch!

       Gut, wir sprechen Türkisch.

b)     Sprechen Sie bitte laut, ich verstehe Sie nicht.

       Gut, ich spreche laut.

## D 1

**Auf dem Postamt**

(ein kleines Spiel; Personen: Peter, der Beamte)

P.:     Haben Sie Briefmarken für Deutschland?

B.:     Natürlich haben wir. Wieviele Briefmarken brauchen Sie?

P.:     Zwei.

B.:     In Ordnung. Hier bitte.

P.:     Ich brauche auch eine Telefonkarte. Haben Sie auch Telefonkarten?

B:      Ich habe keine Telefonkarten für Ausland, (sondern) nur für Inland. Fragen Sie bit-
        te am Schalter nebenan.

P.:     Ich möchte auch ein Paket schicken.

B.:     Wohin?

P.:     Nach Deutschland, einem Freund.

## D 2

**Es ist ein Brief für Sie da**

(ein kleines Spiel; Personen: Briefträger, Peter)

B.:     Es ist ein Brief für Sie da.

P.:     Woher?

B.:     Aus Deutschland.

P.:     Wer ist der Absender!

B.:     Johannes Weber.

P.:     Dieser Brief ist nicht für mich. Schauen Sie auf den Briefumschlag, die Adresse ist
        falsch.

B.:     Sind Sie nicht der Empfänger?

P.:     Ich bin nicht der Empfänger. Wahrscheinlich ist der Brief für Herrn Martin.

B.:     Herr Martin? Wer ist das?

P.:     Ein deutscher Nachbar. Er wohnt auch in dieser Straße. Fragen Sie den Hausmei-
        ster.

# 6 B

## Ü 1

1.  Nereye gidiyorsunuz? - Ankara'ya gidiyoruz (gidiyorum).
2.  Gönül Hanım nereye gidiyor? - Bakkala gidiyor.
3.  Peter nereye gidiyor? - Postaneye ve bankaya gidiyor.
4.  Öğrenciler nereye gidiyor? - Üniversiteye gidiyorlar.
5.  Nereye gidiyoruz? - Sinemaya gidiyoruz.

## Ü 2

İşçi fabrikaya gidiyor / Profesör üniversiteye gidiyor / Hasta doktora gidiyor / Garson lokantaya gidiyor / Sekreter büroya gidiyor / Postacı postaneye gidiyor / Öğrenci okula gidiyor / Anne manava gidiyor / Baba işe gidiyor.

## Ü 3

1.  Öğretmen öğrenciye bir şey soruyor.
2.  Öğrenci öğretmene cevap veriyor.
3.  Baba çocuklara para veriyor.
4.  Postacı zarfa bakıyor.
5.  Ayşegül aynaya bakıyor.
6.  Misafirler çocuklara hediye getiriyor.
7.  Peter arkadaşa paket gönderiyor.
8.  Sabine Sinan'a telefon ediyor.
9.  Polis yaşlı kadına yardım ediyor.

## Ü 4

1.  Bisikletle üniversiteye gidiyoruz.
2.  Mehmet otobüsle fabrikaya gidiyor.
3.  Metin Bey uçakla Ankara'ya gidiyor.
4.  Gemiyle İzmir'e gidiyorum.
5.  Gönül uçakla Antalya'ya gidiyor.
6.  Trenle Edirne'ye gidiyorsunuz.

# Ü 5

1. için / 2. ile / 3. için / 4. ile / 5. ile

# Ü 6

1. '-de; -a; -dan / 2. -ya / 3. -tan; -a / 4. -ta / 5. -dan; -e; -de / 6. -de

# Ü 7

1. kâğıt, kalem, zarf / 2. sebze, et / 3. çanta, defter, kalem

# Ü 8

1.    Bize bisiklet lazım mı? / Evet, bize bisiklet lazım-Hayır, bize bisiklet lazım değil.
2.    Size araba lazım mı? / Evet, bize araba lazım-Hayır, bize araba lazım değil.
3.    İstanbul'a metro lazım mı? / Evet,İstanbul'a metro lazım-Hayır, İstanbul'a metro lazım değil.
4.    Çocuklara top lazım mı? / Evet, çocuklara top lazım-Hayır, çocuklara top lazım değil.
5.    Ahmet'e televizyon lazım mı? Evet, Ahmet'e televizyon lazım-Hayır, Ahmet'e televizyon lazım değil.
6.    Sana kibrit lazım mı? / Evet, bana kibrit lazım-Hayır, bana kibrit lazım değil.
7.    Oya'a çakmak lazım mı? / Evet, Oya'a çakmak lazım-Hayır, Oya'a çakmak lazım değil.

6

# Ü 9

1.    Gül Almanca öğreniyor, çünkü Almanya'da çalışmak istiyor.
2.    Peter postaneye gidiyor, çünkü Almanya'ya telgraf çekmek istiyor.
3.    Ruth'a Türkçe kitabı lazım, çünkü Ruth Türkçe öğrenmek istiyor.
4.    Postaneye gidiyorum, çünkü Türkiye'ye kart atmak istiyorum.
5.    Ali Almanca öğrenmiyor, çünkü Türkiye'ye dönmek istiyor.

# Ü 10 z. B.:

Saz çalmak istiyorum. / Rakı içmek istiyor musun? / Peter Türkiye'ye'gitmek istiyor. / Çocuklar top oynamak istiyor. / Fabrikada çalışmak istemiyoruz. / Türkiye'de oturmak istiyoruz. / Gönül hanım alışveriş etmek istiyor. / Türkiye'ye gitmek istiyor musunuz? / Öğrenciler kitap okumak istiyor (istemiyor).

# Ü 11

a) b)

1.   Öğrenciler için Türkçe kitabı alın. (almayın)
2.   Postaneye git, Türkiye'ye telgraf çek. (gitme, çekme)
3.   Çocuklar için bisiklet al. (alma)
4.   Bana para ver. (verme)
5.   Ünal'a uğrayın, (uğramayın)
6.   Mehmet'e telefon et. (telefon etme)
7.   Uçakla Türkiye'ye gidin. (gitmeyin)
8.   Oya'ya sigara ver. (verme)

# Ü 12

1.   Peter her gün arabayla işe gidiyor.
2.   Metin Bey her ay Ankara'ya gidiyor.
3.   Gül bugün kasaba ve manava gidiyor.
4.   Peter postaneye gidiyor, çünkü Almanya'ya paket göndermek istiyor.
5.   Peter telefon kartı istiyor, çünkü Almanya'ya telefon etmek istiyor.

# Ü 13

1.   Die Mutter sucht ein Geschenk für die Kinder.
2.   Lütfen bana mutfaktan bir şişe bira getir.
3.   Hans Türkçe öğreniyor, çünkü tatilde Türkiye'ye gitmek istiyor.
4.   Sinan fährt manchmal mit dem Bus zur Uni, aber meistens fährt er mit dem Fahrrad.
5.   Bana posta pulu lazım değil, ben zarf arıyorum.
6.   Hans geht nach dem Kurs nach Hause und kocht für die Freunde.
7.   Bisiklet sana lazım mı? (Sana bisiklet lazım değil mi?)
8.   Telefon kartı mı almak istiyorsunuz?
9.   Peter ile Sabine trenle Türkiye'ye gidiyor.
10.  Ich möchte ein Paket nach Deutschland schicken.

# 7 A

## S

Wen siehst du heute?

Ich sehe Ahmet.

Was machst du mit Ahmet?

Ich gehe ins Kino. Und was machst du heute?

Ich verkaufe das Auto.

Was verkaufst du?

Das Auto.

Warum verkaufst du das Auto?

Weil ich Geld brauche.

7

## T

**Filiz kauft den blauen Pullover**

Filiz braucht neue Kleidung. Filiz geht mit Doğan zuerst in kleine Läden, dann in Kaufhäuser. Bei Atalar zeigt die Verkäuferin Filiz viele Pullis und Blusen. Filiz zieht im Umkleideraum die Pullis und Blusen an und probiert sie an, aber diese gefallen Doğan nicht. Schließlich gefällt Doğan ein blauer Pullover. Der Pulli ist hübscher als die Blusen, aber er ist (auch) teurer. Filiz hat nicht so viel Geld (dabei). Doğan leiht Filiz Geld, und Filiz kauft den blauen Pullover. Der blaue Pulli steht ihr sehr gut.

## T/D

**Im Diwan**

(Personen: Feray, Sieglinde, der Kellner)

Feray und Sieglinde gehen heute zum Diwan. Kennen Sie Diwan? Diwan ist ein berühmtes Cafe am Taksim. Sieglinde gefällt es hier sehr gut.

K.: Ja bitte?

F.: Was trinken wir, Sieglinde?

S.: Ich möchte einen Tee.

F.: Bringen Sie mir einen Kaffee, bitte.

K.: (Soll er) mit Milch und Zucker (sein)?

F.: Ohne Zucker, bitte. Nur mit Milch (soll er sein).

K.: Wie möchten Sie den Tee?

S.: Ohne Zucker und mit Zitrone, bitte.
K.: Jawohl. Möchten Sie auch was anderes?
S.: Ich nehme auch einen Kuchen. Welche Kuchen haben Sie (gibt es)?
K.: Es gibt Sahnetorte und Obstkuchen.
S.: Okay, ich nehme ein Stück Sahnetorte.
F.: Ich esse keinen Kuchen, weil ich zunehme.

## D

**Welcher Pulli gefällt dir?**
(die Personen: Filiz, Doğan, die Verkäuferin)

V.: Ja bitte?
F.: Ich möchte einen Pulli oder eine Bluse kaufen.
V.: Was für einen Pulli oder eine Bluse suchen Sie?
F.: Soll der letzte Schrei sein.
V.: Welche Größe soll es sein?
F.: Größe 38.
V.: Wie finden Sie die hier?
F.: Nicht so schön. Haben Sie keine anderen?
V.: Klar, haben wir. Schauen Sie, hier gibt es auch Pullis und Blusen Größe 38.
F.: Ich möchte die hier anprobieren.
V.: Selbstverständlich. Gehen Sie in den Umkleideraum.
F.: Wie findest du diese Bluse, Doğan?
D.: Schrecklich! Katastrophal! Miserabel!
F.: Die ist sowieso zu eng für mich.
D.: Zieh doch mal auch die an.
F.: Okay. ... Wie (findest du die)?
D.: Nicht schlecht, es geht.
F.: Und wie findest du diesen Pulli?
D.: Toll! Er steht dir sehr gut.
F.: Aber die Pullis sind teurer als die Blusen. Ich weiß nicht, ob ein Pulli oder eine Bluse besser ist.
D.: Natürlich kaufst du einen Pulli. Die Pullis sind dicker als die Blusen und meiner Meinung nach viel schicker.
F.: Welcher Pulli gefällt dir?
D.: Kauf den blauen Pulli.
F.: Was kostet dieser Pulli?
V.: ... Lira.

F.:     Und der Pulli da?
V.:     Die Preise sind gleich.
F.:     Ich hab nicht so viel Geld (dabei). Geht es nicht billiger?
V.:     Leider. Bei uns wird nicht runtergehandelt.
D.:     Das ist egal, Filiz, ich leihe dir Geld.
F.:     Danke, Doğan.
D.:     Aber ich bitte (dich), trag es mit Vergnügen.

## Karikatur:

Herr Osman, diesmal möchte ich Komödien. Sollen zwei Stück sein!

# 7 B

7

## Ü 1

Ali bugün Peter'i görüyor. / A. bugün öğretmeni görüyor / A. bugün profesörü görüyor / A. bugün Hans'ı görüyor / A. bugün arkadaşı görüyor / A. bugün Ünal' görüyor / A. bugün Sıtkı'yı görüyor / A. bugün Erol'u görüyor / A. bugün Udo'yu görüyor / A. bugün doktoru görüyor. / A. bugün polisi görüyor / A. bugün Monika'yı görüyor / A. bugün Gabi'yi görüyor
...

## Ü 2

Metin Bey arabayı satıyor/ M. televizyonu satıyor / M. evi satıyor / M. radyoyu satıyor / M. masayı satıyor / M. sandalyeyi satıyor / M. kitapları satıyor / M. dolabı satıyor / M. ütüyü satıyor / M. resimleri satıyor / M. sazı satıyor / M. gitarı satıyor ...

## Ü 3   z. B.:

Baba mektubu yazıyor / Profesör cümleyi tekrarlıyor / Kapıyı kapıyorsun / Filiz kazağı giyiyor / Garson salatayı getiriyor / Kitabı okuyoruz / Doğan Filiz'i seviyor / Ferdi Gönül'ü görüyor / Çocuk oyuncağı bozuyor ...

## Ü 4

1. -tan; -yı / 2. -ğa; keine Endung / 3. -yi; -yı / 4. -e (oder: -de); -u (oder keine Endung) / 5. -e; keine Endung / 6. -da; -yi (oder keine Endung) / 7. -bu; -ye / 8. -u / 9. -da; -i / 10. -dan; -a

## Ü 5

1. Metin Bey genç, Yaşar daha genç, Sinan en genç.
2. Hans çalışkan, Erol daha çalışkan, Martin en çalışkan.
3. Mehmet zengin, Doğan daha zengin, Ahmet en zengin.
4. Bu ev büyük, şu ev daha büyük, o ev en büyük.
5. Bluz pahalı, kazak daha pahalı, elbise en pahalı.
6. Köfte lezzetli, lahmacun dana lezzetli, döner kebap en lezzetli.
7. Ayran soğuk, gazoz daha soğuk, mayve suyu en soğuk.

## Ü 6

1. Peter Udo'dan daha çabuk Türkçe öğreniyor.
2. Ahmet Doğan'dan daha çok para kazanıyor.
3. Motorsiklet arabadan daha yavaş gidiyor.
4. Ruth Sabine'den daha İyi Türkçe konuşuyor.
5. Ayşe Oya'dan daha iyi yemek pişiriyor.

## Ü 7

1. Hangi salatayı yiyorsunuz?
2. Nasıl bir eteklik istiyorsunuz?
3. Hangi elbiseyi giyiyorsunuz?
4. Nasıl bir pantalon arıyorsunuz?
5. Nasıl bir hırka istiyorsunuz?
6. Hangi bisikleti satıyorsunuz?
7. Nasıl gömlekler istiyorsunuz?
8. Hangi evleri satıyorsunuz?

## Ü 8

1. Nuray bugün doktora gitsin / (gitmesin).
2. Meral kırık aynayı çöpe atsın / (atmasın).
3. Peter Almanya'ya paket göndersin / (göndermesin).

4.      Filiz mavi bir kazak alsın / (almasın).
5.      Gönül Hanım bakkala gitsin / (gitmesin).
6.      Ayşegül televizyonu açsın / (açmasın).
7.      Ali ışığı yaksın / (yakmasın).
8.      Çocuklar okula gitsin(ler) / (gitmesinler).
9.      Öğrenciler T. öğrensin(ler) / (öğremesinler).
10.     Konuklar ayran içsin(ler) / içsin(ler) / (içmesinler).

## Ü 9

1.      Işığı söndürsenize.
2.      Kapıyı açsana.
3.      Pencereyi kapasanıza.
4.      Televizyonu kapasanıza.
5.      Elektriği açsana.
6.      Bana kalem versene.
7.      Kırık aynayı çöpe atsanıza.                                7
8.      Bize masal anlatsanıza.
9.      Bizi anlasanıza.
10.     Profesöre kitabı götürsene.

## Ü 10

a)      1.      Çay limonlu ve şekerli mi olsun? / Yalnız limonlu, şekersiz olsun.
        2.      Lahmacun acılı ve yağlı mı olsun? / Yalnız acılı, yağsız olsun.
        3.      Çorba limonlu ve tuzlu mu olsun? / Yalnız limonlu, tuzsuz olsun.
        4.      Salata sirkeli ve limonlu mu olsun? / Yalnız sirkeli, limonsuz olsun.
        5.      Pide peynirli ve maydanozlu mu olsun? / Yalnız peynirli, mayadanozsuz olsun.
        6.      Pide kıymalı ve yumurtalı mı olsun? / Yalnız kıymalı, yumurtasız olsun.

b)      1.      Gönül limonlu salatayı mı yesin? / Hayır, limonsuz salatayı yesin.
        2.      Ahmet peynirli pideyi mi yesin? / Hayır, peynirsiz pideyi yesin.
        3.      Feray kremalı pastayı mı yesin? / Hayır, kremasız pastayı yesin.
        4.      Konuklar şekerli çayı mı içsin(ler)? / Hayır, şekersiz çayı içsinler.
        5.      Sieglinde meyveli pastayı mı yesin? / Hayır, meyvesiz pastayı yesin.

## Ü 11

1.  Feray çay mı yoksa kahve mi içsin?
2.  Sinemaya mı yoksa tiyatroya mı gidiyoruz?
3.  Gönül kahveyi sütsüz içiyor.
4.  Mavi mantoyu nasıl buluyorsun?
5.  Bence kırmızı manto çok daha güzel.
6.  Ünal yarın bize uğrasın.
7.  Çocuklar televizyon seyrediyor, veya müzik dinliyorlar.
8.  Nuray Ayşegül'den daha iyi Almanca konuşuyor.
9.  Çizgili eteklik kareli eteklikten daha ucuz ama, kareli eteklik kadar güzel değil.

## 8 A

### S

a)  Wie spät ist es?
    Es ist fünf nach drei.
    Diese Uhr geht nach, jetzt ist es 20 vor vier.

b)  Um wieviel Uhr gehst du schlafen?
    Ich gehe um elf Uhr schlafen. Und du?
    Ich gehe jede Nacht um 12 Uhr schlafen.
    Du gehst sehr spät zu Bett.
    Ja, so (ist es). Ich schlafe sofort. Und ich stehe sehr früh auf. Ich bin immer müde und ich komme immer zu spät zum Unterricht.
    Um wieviel Uhr beginnt der Unterricht?
    Er beginnt um Viertel nach neun, hört um Viertel vor elf auf. Er dauert eineinhalb Stunden.
    Wie lange dauert das Zuckerfest?
    Es dauert drei Tage.
    Wie lange dauert das Opferfest?
    Es dauert vier Tage.
    Wann beginnt das Semester und wann endet es?
    Das Semester beginnt im November und endet im Februar, es dauert vier Monate.

c)      Seit wann lernt Peter Türkisch?
        Peter lernt seit sechs Monaten Türkisch.
        Seit wann lernt der Professor Türkisch?
        Der Professor lernt seit drei Jahren Türkisch und spricht fast so gut Türkisch wie
        ein Türke.
        Auch ich lerne ab morgen Türkisch.


# T 1

Cengiz möchte von Ankara nach Istanbul fahren. Er geht zum Bahnhof und fragt am Schalter: „Um wieviel Uhr gibt es einen Zug nach Istanbul?" Dann kauft er eine Fahrkarte und steigt in den Zug ein. Der Zug fährt um 13.30 Uhr ab. Zwischen Ankara und Istanbul sind es 598 Kilometer, die Reise dauert achteinhalb Stunden. Der Zug hat keine Verspätung und kommt pünktlich an.
Cengiz kommt am Abend um neun Uhr in Istanbul an. Er steigt aus dem Zug, gibt die Koffer bei der Gepäckaufbewahrung ab und sucht ein gutes Hotel.


# T 2
**Ein langer Tag**

8

Peter wacht morgens um sieben Uhr auf und steht um Viertel nach sieben auf. Er wäscht sich, rasiert sich, frühstückt um halb acht, verläßt die Wohnung um acht Uhr. Dann wartet er an der Haltestelle auf einen Bus und fährt mit dem Bus zur Uni. Von neun bis 12 Uhr gibt es Vorlesung(en). Peter ißt um halb eins in der Kantine zu Mittag. Nach dem Essen trinkt er (einen) Kaffee. Am Nachmittag arbeitet er bis vier Uhr. Gegen halb fünf kommt Peter nach Hause. Unterwegs kauft er beim Lebensmittelhändler für das Abendessen ein. Zu Hause bereitet er das Abendessen vor. Vor dem Essen liest er Zeitung. Um sieben Uhr herum ißt er zu Abend. Nach dem Essen liest er ein Buch, oder er schaut fern. Um elf Uhr geht er zu Bett, er schläft und träumt.


# D 1
**Frühstück**

Bist du fertig?
Nein, ich mache mich noch fertig. Zuerst möchte ich duschen. Und mach du bitte das Frühstück. Ich komme in fünf Minuten.
Was möchtest du zum Frühstück?
Weißbrot, Schafskäse, schwarze und grüne Oliven, Marmelade und natürlich Tee.

Der Tee soll stark sein.

Und du beeile dich, der Tee soll nicht kalt werden.


## D 2

**Um wieviel Uhr gibt es einen Zug nach Istanbul?**

(die Personen: Cengiz, der Schaffner)


C.:    Um wieviel Uhr gibt es einen Zug nach Istanbul?

S.:    Wann möchten Sie fahren?

C.:    Mittags.

S.:    Der erste Zug ist um 8.15 Uhr der Bosporus-Expreß. Dann gibt es den Taurus-
       Expreß um 8.41 Uhr, aber er verkehrt nicht dienstags, mittwochs und sonntags.
       Die anderen Züge verkehren jeden Tag. Der letzte Zug ist um 13.30 Uhr der Blaue
       Zug.

C.:    Gibt es Umsteigen beim Blauen Zug?

S.:    Nein, er hält nur in Eskişehir 15 Minuten.

C.:    Wann kommt der Blaue Zug in Istanbul an?

S.:    Einen Moment, ich schaue im Fahrplan nach. Um 21 Uhr.

C.:    Es ist etwas spät, aber, na ja. Geben Sie mir eine Hin- und Rückfahrkarte für den
       Blauen Zug, bitte. Gibt es Ermäßigung für Studenten?

S.:    Ja, gibt es. Sind Sie Student?

C.:    Ja, ich bin Student.

S.:    Dann geben Sie (mir) ... Lira, bitte.

C.:    Hier bitte. Auf welchem Gleis fährt der Zug ab?

S.:    Auf Gleis Eins.

C.:    Danke.

S.:    Wiedersehen, gute Reise.


## Karikatur

1. Bild:   Okay, hier anhalten.

2. Bild:   Komm am Abend um fünf Uhr, verspäte dich nicht.

# 8 B

## Ü 1

yirmi elli (dokuza on var) / dokuz on beş (dokuzu çeyrek geçiyor) / on iki otuz (yarım) / sekiz kırk beş (dokuza çeyrek var) / on yirmi (onu yirmi geçiyor) / on altı yirmi beş (dördü yirmi beş geçiyor; dört buçuğa beş var) / dokuz otuz beş (dokuzu otuz beş geçiyor; dokuz buçuğu beş geçiyor; ona yirmi beş var) / on sekiz kırk beş (yediye çeyrek var) / yirmi bir on beş (dokuzu çeyrek geçiyor).

## Ü 3

1. Tiyatro sekizi çeyrek geçe başlıyor, onu çeyrek geçe bitiyor, iki saat sürüyor.
2. Konser üçte başlıyor, dört buçukta bitiyor, bir buçuk saat sürüyor.
3. Parti ikide başlıyor, sekizde bitiyor, altı saat sürüyor.
4. Ders bir buçukta başlıyor, üç buçukta bitiyor, iki saat sürüyor.

8

## Ü 4

1. Tren ne zaman Erzurum'dan kalkıyor? / Dokuza on kala.
2. Ferdi ne zaman üniversiteye geliyor? / Dokuzu on geçe.
3. Gemi ne zaman Bandırma'ya varıyor? / Beşe beş kala.
4. Gönül Hanım ne zaman uyanıyor? / Yediyi çeyrek geçe.
5. Ne zaman kalkıyorsunuz? / Sekizi on geçe.
6. Televizyonda haberler ne zaman başlıyor? / Sekize çeyrek kala.

## Ü 5

1. Noel 24 Aralık'ta.
2. Yılbaşı (gecesi) 31 Aralık'ta.
3. Kış 21 Aralık'ta başlıyor, 21 Mart'ta bitiyor.
4. Yaz 21 Haziran'da başlıyor, 21 Eylül'de bitiyor.
5. Cumhuriyet Bayramı 29 Ekim'de.
6. ?
7. ?
8. Sömestr kasımda başlıyor, şubatta bitiyor, dört ay sürüyor.
9. Tatil martta başlıyor, mayısta bitiyor, iki ay sürüyor.

## Ü 6

1.    Ankara'dan istanbul'a Boğaziçi Ekspresi, Toros Ekspresi ve Mavi Tren işliyor.
2.    Ankara'dan istanbul'a her gün tren var.
3.    Trenler istanbul'a saat 8'de, 8.41'de ve 13.30'da hareket ediyor.
4.    Trenler bir ve iki numaralı peronlardan hareket ediyor.
5.    Trenler saat 17.05'te, 18.25'te ve 21.00'de istanbul'a varıyor.

## Ü 7

1.    Saat on iki otuzdan on üç on beşe kadar öğrenciler kantinde yemek yiyor.
2.    Saat yirmi otuzdan yirmi iki kırk beşe kadar Meral evde televizyon seyrediyor.
3.    Saat dokuz on beşten on kırk beşe kadar çocuklar bahçede futbol oynuyor.
4.    Saat sekiz on beşten sekiz otuza kadar Peter durakta otobüs bekliyor.
5.    Saat sekiz otuzdan on beş otuza kadar Gönül Hanım büroda çalışıyor.

## Ü 8

1. -dan, -ye kadar / 2. -e kadar, -ya doğru / 3. sularında / 4. -dan, -e kadar / 5. sularında (oder: -a doğru)

## Ü 9

1.    Tren ne zaman (saat kaçta) kalkıyor?
2.    Yaşar ne zaman televizyon seyrediyor?
3.    Gönül Hanım ne zamana kadar (saat kaça kadar) büroda çalışıyor?
4.    Peter ne zaman Türkiye'ye gidiyor?
5.    Sömestr ne kadar sürüyor?
6.    Ne zaman (saat kaçta) kahvaltı etmek istiyoruz?

## Ü 10

1.    Yazın Antalya'ya gidiyoruz.
2.    Bu yaz Peter Türkiye'ye gidiyor.
3.    Yaşar pazartesileri futbol oynuyor.
4.    Bugünkü gazeteyi mi arıyorsun?
5.    Sinan akşamları televizyon seyrediyor, veya gazete okuyor.
6.    Ders sabahleyin saat dokuzda başlıyor ve on buçuğa kadar sürüyor.

## Ü 11

1.            ?
2.    Peter saat yediyi çeyrek geçe kalkıyor.
3.    Peter saat yarımda kantinde öğlen yemeği yiyor.
4.    Cengiz istasyona gidiyor, çünkü Ankara'dan istanbul'a gitmek istiyor. Cengiz biletçiye soruyor: „Saat kaçta istanbul'a tren var?"
5.    Tren saat on üç otuzda hareket ediyor.
6.    Cengiz akşam saat dokuzda istanbul'a varıyor.


# 9 A

## S

a)    Ist dein Auto neu?
      Ja, mein Auto ist neu.
      Ist deine Wohnung groß?
      Ja, meine Wohnung ist groß.

                                                                          9

b)    Dein Auto ist neu, mein Auto ist auch neu.
      Meine Wohnung ist groß, deine Wohnung ist auch groß.


c)    Ist dein Auto neu?
      Ja, mein Auto ist neu.
      Meines ist auch neu.
      Ist deine Wohnung groß?
      Ja, meine Wohnung ist groß.
      Meine ist auch groß

d)    Hast du einen Stift?
      Nein, ich habe keinen Stift.
      Hast du einen Kaugummi?
      Ja, ich habe einen Kaugummi.
      Gib mir doch auch einen.

e)    Wer hat einen PC?
      Ich habe einen PC.
      Ist dein PC neu?
      Ja, mein PC ist neu.

f)    Wem gehört die Tasche?
      (Sie gehört) Ali.
      Wem gehört dieser Stift?
      (Er gehört) Sabine.
      Und wem gehören die Bücher dort?
      Wahrscheinlich Erol.

## D 1

Ist Sinans Familie in Deutschland?
Nein, Sinans Familie ist in der Türkei.
Was macht der Mann von Arzu beruflich?
Der Mann von Arzu arbeitet als Arzt in Kempten.
Hat Tülin Kinder?
Ja, Tülin hat eine Tochter und einen Sohn.
Wo wohnt Gönüls Mutter?
Gönüls Mutter wohnt in Kadıköy.
Wo ist Kadıköy?
Kadıköy ist ein Stadtteil von Istanbul.

## D 2

a)    Sinan hat am Samstag Geburtstag. Sinan ruft Ruth an und lädt sie zu seinem
      Geburtstag ein.

Sinan:    Hallo.
Ruth:     Hallo. Wer ist am Apparat?
Sinan:    Ich bin Sinan. Grüß dich, Ruth, wie geht es dir?
Ruth:     Oh, grüß dich, Sinan. Wie geht's?
Sinan:    Danke, Ruth, Gott sei Dank alles bestens. Ich möchte dich am Samstag ein-
          laden. Hast du Zeit?
Ruth:     Der wievielte ist am Samstag?
Sinan:    Es ist der 12. März.
Ruth:     Ja, ich habe Zeit. Um wieviel Uhr ist die Einladung?
Sinan:    Paßt es dir um drei Uhr?

Ruth:        Ja, gerne.

Sinan:       Weißt du, am Samstag ist mein Geburtstag. Ich gebe eine große Party.

Ruth:        Toll!


b)      Ruth möchte für Sinan ein Geschenk kaufen. Deshalb (darüber) spricht sie mit
        Peter.


Ruth:        Peter, du weißt, wir gehen am Samstag zu Sinans Party. Was für ein
             Geschenk möchtest du ihm kaufen?

Peter:       Zum Beispiel einen Cassettenrecorder.

Ruth:        Sinan hat (schon) einen Cassettenrecorder.

Peter:       Dann eine Cassette. Zum Beispiel eine Cassette von Tarkan. Sinan liebt sei-
             ne Musik sehr.

Ruth:        Gute Idee.

Peter:       Und was möchtest du Sinan schenken?

Ruth:        Ich weiß (es) noch nicht. Vielleicht einen Rosen- oder Nelkenstrauß und
             eine riesige Torte!


## D 3

### Gül sucht eine Wohnung

Gül möchte seit langer Zeit in eine neue Wohnung umziehen. Sie sucht Inserate in Zei-    **9**
tungen, ruft an und spricht mit dem Vermieter:


G.:    Hallo.

V.:    Hallo, ja bitte, wer ist am Apparat?

G.:    Mein Name ist Gül Özgüner, Entschuldigung, ich möchte etwas fragen. Sie haben
       in der Zeitung annonciert, um eine Wohnung zu vermieten. Ob sie noch frei ist?

V.:    Leider ist sie schon weg.

G.:    Ach, wie schade.

V.:    Aber bald wird noch eine Wohnung von mir frei.

G.:    Wo (ist sie)?

V.:    Genau im Zentrum, in Cihangir, fünf Minuten zu Fuß nach Taksim.

G.:    Wieviel Zimmer hat die Wohnung?

V.:    Sie hat vier Zimmer, einen Balkon, ein Bad und eine große Küche mit Zentralhei-
       zung und fließend Warmwasser. Außerdem einen herrlichen Blick. Sie schaut auf
       Bosporus und Marmara-Meer.

G.:    Sehr schön. Wie hoch ist die Miete der Wohnung?

V.:    ... Lira.

G.:    Gibt es auch Nebenkosten?

V.:    Ja, Zentralheizung, Strom und Wasser. Alles macht ungefähr ... Lira im Monat.

G.:    Es ist etwas teuer für mich, aber trotzdem möchte ich die Wohnung anschauen. Wie ist ihre Adresse?

V.:    Kumrulu Straße 76.

G.:    Vielen Dank. Ich komme gleich. Wiederhören.

V.:    Ich erwarte Sie, Frau Gül, Wiederhören.

## D 4

### Sinans Familie

P.:    Ist deine Familie hier, Sinan?

S.:    Nein, meine Familie ist in der Türkei. Ich zeige euch mal das Album meiner Familie.

R.:    O ja, bitte.

S.:    Hier ist das Album.

P.:    Wer sind das, Sinan?

S.:    Das sind meine Eltern, meine Oma und mein Opa.

R.:    Und wer ist das?

S.:    Das ist meine Tante, die Schwester meiner Mutter. Und das ist mein Onkel, der Bruder meiner Mutter.

P.:    Wer sind das?

S.:    Das sind die Schwester und der Bruder meines Vaters, meine Tante und mein Onkel. Und das (hier) ist meine Tante, die Frau meines Onkels.

R.:    Sind das deine Geschwister?

S.:    Nein, das sind die Kinder meiner Tante, meine Kusinen.

P.:    Und wer ist das da?

S.:    Das ist mein Onkel, der Mann meiner Tante.

R.:    Gibt es im Album keine Fotos von deinen Geschwistern?

S.:    Doch. Hier. Meine große Schwester, mein großer Bruder und meine kleinen Geschwister.

P.:    Wieviele Geschwister seid ihr?

S.:    Wir sind fünf Geschwister.

R.:    Du hast eine große Familie.

S.:    Ja, so (ist es). Ich liebe meine Familie sehr.

## Rätsel

Übersetzung:   Ihr Mantel ist grün, ihr Kleid ist rot, rate mal, wessen Tochter ist das?
Lösung:          Wassermelone.

## Gedichte

### 1. Erzählung

Deine Lippen sind rot,
deine Hände weiß,
nimm, halte meine Hände Baby,
halte etwas.

...

### 2. Abschied

Mein Weg ist Asphalt,
mein Weg ist Erde,
mein Weg ist das Himmelsgewölbe,
mein Weg ist ein offenes Gelände,
und was (woran) denke ich alles!

...

**9**

### 1. Karikatur

Auf Ihr Wohl, Herr Serdar.

### 2. Karikatur

1. Bild:      Wohin fahren wir heute abend? / Zu deiner Mutter
2. Bild:      Zu meiner Mutter? Meine Mutter ist doch nicht zuhause!
3. Bild:      Um so besser!

### 3. Karikatur

Mein Mann hat seit einer Woche Urlaub.

### 4. Karikatur

Hier, Mädchen, dein Kismet ist dieser Junge.

# 9 B

## Ü 1

1. Eviniz büyük mü? / Hayır, evimiz (evim) küçük.
2. Bilgisayarın eski mi? / Hayır, bilgisayarım yeni.
3. Radyomuz bozuk mu? / Hayır, radyomuz sağlam.
4. Bavulu ağır mı? / Hayır, bavulu hafif.
5. Öğrencileriniz tembel mi? / Hayır, öğrencilerim(iz) çalışkan.

## Ü 2

1. euer (Ihr) Zimmer
2. dein Bad
3. bluzlarım
4. bisikletleriniz
5. unsere Küche
6. sein (ihr) Auto
7. ihre Bügeleisen (Singular und Plural), ihr (Plural) Bügeleisen.
8. çocukları
9. çocuklarınız
10. meine Katzen

## Ü 3a

1. Sizin bisikletiniz sarı. Bizim bisikletimiz de sarı.
2. Bizim bahçemiz büyük. Onların bahçesi de büyük.
3. Benim gazetem Türkçe. Sizin gazeteniz de Türkçe.
4. Senin kasetçaların yeni. Onun kasetçaları da yeni.
5. Senin dergin Almanca. Bizim dergimiz de Almanca.

## Ü 3b

1. Sizin bisikletiniz sarı. Bizimki de sarı.
2. Bizim bahçemiz büyük. Onlarınki de büyük.
3. Benim gazetem Türkçe. Sizinki de Türkçe.
4. Senin kasetçaların yeni. Onunki de yeni.
5. Senin dergin Almanca. Bizimki de Almanca.

# Ü 4

1.  Kitabınız var mı? Evet, kitabım(ız) var. / Hayır, kitabım(ız) yok.
2.  Bilgisayarımız var mı? Evet, bilgisayarımız var. / Hayır, bilgisayarımız yok.
3.  Ütün var mı? Evet, ütüm var. / Hayır, ütüm yok.
4.  Bisikletiniz var mı? Evet, bisikletim(iz) var. / Hayır, bisikle-tim(iz) yok.
5.  Evleri (onların evi) var mı? Evet, evleri (onların evi) var. / Hayır, evleri (onların evi) yok.
6.  Odası var mı? Evet, odası var. / Hayır, odası yok.
7.  Kasetçaların var mı? Evet, kasetçalarım var. / Hayır, kasetçalarım yok.
8.  Köpeğiniz var mı? Evet köpeğim(iz) var. / Hayır, köpe-ğim(iz) yok.
9.  Kedimiz var mı? Evet, kedimiz var. / Hayır, kedimiz yok.
10. Arabaları (onların arabası) var mı? / Evet, arabaları (onların arabası) var. / Hayır, arabaları (onların arabası) yok.

# Ü 5

1.  Araba kimin? Nuray'ın.
2.  Çakmak kimin? Benim.
3.  Kaset kimin? Ayten'in.
4.  Rakı kimin? Peter'in.
5.  Domates kimin? Gabi'nin.
6.  Bisiklet kimin? Çocukların.
7.  Çiklet kimin? Ali'nin.
8.  Elma kimin? Bizim.

9

# Ü 6

a)  1.  Ünal'ın babası avukat.
    2.  Filiz'in kazağı mavi.
    3.  Doğan'ın gömleği kareli.
    4.  Sinan'ın ablası güzel.
    5.  Arzu'nun kocası zengin.
    6.  Evin mutfağı büyük.
    7.  Peter'in rakısı soğuk.
    8.  Monika'nın ütüsü bozuk.

b)  a.  Ali'nın bisikleti ne renk? Ali'nın bisikleti sarı.
    b.  Öğretmenin arabası ne renk? Öğretmenin arabası yeşil.
    c.  Çocukların topu ne renk? Çocukların topu kahverengi.
    d.  Tülin'in bluzu ne renk? Tülin'in bluzu eflatun.

e.    Serap'ın etekliği ne renk? Serap'ın etekliği pembe.

f.    Gönül Hanım'ın mantosu ne renk? Gönül Hanım'ın mantosu kavuniçi.

# Ü 7

1.    Arzu'nun kocası Köln'de çalışıyor.
2.    Sinan'ın ailesi Türkiye'de oturuyor.
3.    Cihangir İstanbul'un bir semti.
4.    Martin dersten sonra kantine gidiyor ve orada bir kahve içiyor.
5.    Vural Güner'e kitabı (kitap) veriyor.
6.    Çocuk ablaya bisikleti (bisiklet) veriyor.
7.    Ünal'ın babası bugün Kars'tan geliyor, yarın Erzurum'a gidiyor.
8.    Selim'in arabası bozuk. Selim arabayı satıyor.

# Ü 8

a.    Bugün ekimin onu.
b.    Bugün haziranın yirmi yedisi.
c.    Bugün aralığın dördü.
d.    Bugün şubatın sekizi.
e.    Bugün nisanın altısı.
f.    Bugün martın yirmi sekizi.
g.    Bugün ağustosun yirmisi.
h.    Bugün mayısın on sekizi.
i.    Bugün temmuzun on beşi.
j.    Bugün ocağın on dördü.

# Ü 9

a)    1.    ev-leri-n-de: in ihrem Haus (in ihren Häusern)
      2.    kitap-lar-ım-ı: meine Bücher (Akkusativ)
      3.    anne-si-nin: seiner (ihrer) Mutter
      4.    dede-si-n-i-: seinen (ihren) Opa
      5.    abla-mız-ın: unserer großen Schwester
      6.    enişte-miz-den: von unserem Onkel
      7.    bahçe-ler-iniz-in: eurer (Ihrer) Gärten
      8.    teyze-leri-n-den: von seinen (ihren) Tanten; von ihrer (Plural) Tante
      9.    hala-m-ın: meiner Tante
      10.   amca-nız-da: bei eurem (Ihrem) Onkel

b)  1.  Kavunumuzu yiyoruz.
    2.  Evinize gidiyorsunuz.
    3.  Odasında oturuyor.
    4.  Gazetemizi okuyoruz.
    5.  Şef bürosuna geliyor.
    6.  Arabana biniyorsun.
    7.  Çocuklar odalarına gidiyor.
    8.  Biramı içiyorum.

# Ü 10

1.  Ali bugün arkadaşının babasını görüyor.
2.  Hans geht in das Zimmer seines Professors.
3.  Sabine kommt aus der Wohnung ihrer großen Schwester.
4.  Peter Sinan'ın balkonunda oturuyor ve rakı içiyor.
5.  Gisela annesinin otomobiliyle Kiel'e gidiyor.
6.  Özcan zieht den Pulli seines großen Bruders an.
7.  Selim schreibt die Briefe seines Vaters.

# Ü 11

1.  Sinan Ruth'a telefon ediyor, çünkü Ruth'u doğum gününe çağırmak istiyor.
2.  Evet, Sinan'ın kasetçaları var.
3.      ?
4.  Sinan Tarkan'ın müziğini seviyor.
5.  Peter Sinan'a bir kaset götürmek istiyor.
6.  Gül gazetelerde ilanlara bakıyor, çünkü yeni bir eve taşınmak istiyor.
7.  Yeni ev tam merkezde, Cirhangirde, Taksim'e yaya beş dakika. Yeni evin dört
    odası var.
8.      ?
9.  Hayır, Sinan'ın ailesi Almanya'da değil, Türkiye'de.

# 10 A

## S 1

a)    Was hast du gestern gemacht?

Ich bin in die Uni gegangen.

Hast du in der Uni Ünal gesehen?

Nein, ich habe Ünal nicht gesehen, aber ich habe mit seiner Freundin gesprochen.

Hast du gestern abend ferngeschaut?

Nein, ich habe gestern abend nicht ferngeschaut. Und du?

Ich habe auch nicht ferngesehen. Ich war sehr müde, ich ging früh schlafen.

b)    Was haben Faruk und Nesrin letzte Woche gemacht?

Faruk ist nach Adana gefahren, Nesrin war die ganze Woche zu Hause, weil sie krank war.

Was habt ihr letzte Woche gemacht?

Wir sind nach Bolu gefahren, dort haben wir Freunde besucht und sind zwei Tage geblieben. Am Sonntag sind wir nach Istanbul zurückgefahren.

## S 2

a)    Hast du ein Auto?

Ich hatte voriges Jahr ein gutes Auto, aber ich habe es verkauft.

Warum hast du (es) verkauft?

Ich hatte kein Geld, ich brauchte Geld.

b)    Warst du jemals in Ankara?

Nein, ich kenne Ankara überhaupt nicht.

c)    Wann bist du geboren?

Ich bin am 16. April 1978 geboren.

Du hast also bald Geburtstag.

Ja, so (ist es). Und wann ist dein Geburtstag?

Ich bin am 24. Dezember 1986 geboren.

Dein Geburtstag ist also an Weihnachten.

## S 3

Wen (alles) hat Sinan zu seiner Party eingeladen?

Er hat alle Freunde eingeladen.

Sind alle gekommen?

Nein, nicht alle sind gekommen. Und manche Freunde sind sehr spät gekommen.

## T 1

### Peter ist in der Türkei

Peter ist neulich in die Türkei gefahren und dort drei Wochen geblieben. Die erste Woche war er in Istanbul. Er hat in Istanbul in einem Hotel namens ‚Perle' am Meer gewohnt. Er besichtigte die Moscheen, Museen, Paläste in Istanbul. Er kaufte im Großen Basar viel ein. Er kaufte Kupfersachen für seine Verlobte. In Istanbul gefiel es Peter sehr gut. In der zweiten Woche ist er mit dem Schiff nach Yalova, von dort mit dem Bus nach Bursa gefahren. Er besichtigte in Bursa die alten Badehäuser und die berühmten Mausoleen, bestieg den Uludağ. Er hat in Bursa seinen Paß verloren, aber dann wieder gefunden. Von Bursa ist er mit dem Bus nach Konya gefahren und verbrachte die dritte Woche in Konya. Die berühmten Medresen und Karawansereien in Konya haben ihm sehr gut gefallen, und er hat viele Fotos gemacht. Von Konya hat er Sinan, seinem türkischen Freund in Deutschland, einen Brief geschrieben. Peter verbrachte die letzten Tage in der Türkei in Antalya und flog nach Deutschland zurück.

**10**

## D

### Wie war die Reise?

(die Personen: Peter, Sinan)

Peter ist aus der Türkei zurückgekehrt. Er hat sich gestern in Augsburg mit Sinan getroffen.

S.: Mensch, Peter, herzlich willkommen. Wie war die Reise?

P.: Danke, lieber Sinan. Die Reise verlief sehr gut, ich verbrachte einen sehr schönen Urlaub.

S.: Ich habe deinen Brief bekommen, danke. Es hat dir also in der Türkei gut gefallen. Ich habe mich sehr darüber gefreut.

P.: Ja, es hat mir sehr gut gefallen. Von nun an möchte ich jedes Jahr in die Türkei fahren. Fahren wir nächstes Jahr zusammen?

S.: Natürlich, gerne. Wir fahren nächsten Sommer zusammen in die Türkei.

## T 2

Konya, 10. 8. 20..

Mein lieber Sinan,

seit zwei Wochen bin ich in der Türkei. Die Türkei ist ein sehr schönes Land, alles ist sehr interessant, die Menschen hier sind sehr gastfreundlich. Die Moscheen und Museen in Istanbul sind so interessant! Ich habe in Istanbul in einem Hotel namens ‚Perle' am Meer gewohnt. Im Großen Basar habe ich viel eingekauft, ich habe als Geschenk für meine Verlobte Kupfersachen gekauft. In Bursa habe ich die alten Badehäuser und die berühmten Mausoleen besichtigt, ich stieg auf den Uludağ und machte viele Fotos. Ich habe in Bursa meinen Paß verloren, aber dann Gott sei Dank (wieder) gefunden. Von Bursa bin ich mit dem Bus nach Konya gekommen. Die Medresen, Marktplätze, Karawansereien in Konya gefielen mir sehr gut. Morgen fahre ich nach Antalya. Bis bald, herzliche Grüße an Dich und alle Freunde. Grüß auch Deine Familie von mir.

Peter

## T 3

Faruk sucht seit langer Zeit eine neue Arbeit, schaut die Inserate in Zeitungen an und schreibt Gesuche für die Bewerbung. Heute bekam Faruk einen Brief von einer Firma in Adana, Faruk hat sofort geantwortet:

Istanbul, 16. 8. 20..

Firma Özpamuk
Palmen-Str. Nr. 49
Adana

Betreff: Ihr Schreiben vom 12.8.

Sehr geehrte Herren,

ich habe Ihr Schreiben vom 12.8. bekommen, vielen Dank für Ihr Interesse. Für das Vorstellungsgespräch komme ich nächste Woche nach Adana. Anbei überreiche ich (Ihnen) die für die Bewerbung nötigen Unterlagen (Lebenslauf, Diplome).

Hochachtungsvoll<br>Faruk Tokaç

## 1. Gedicht

Damhirsch

Ich war ein Kind, ganz klein,
ich spielte Ball (und) bekam Hunger.
Ich fand auf dem Boden eine Pflaume,
ein Damhirsch hat sie mir weggenommen.

## 2. Gedicht

In tausend Stücken

Der Baum ist ganz,
das Licht ist ganz,
die Frucht ist ganz,
meine Welt ist in tausend Stücken.

...

## 1. Karikatur

Wir bedanken uns, Herr Ober, wir haben unser Essen von Zuhause (mit)gebracht.

## 2. Karikatur

**10**

Ist das so schlimm, Schatz, nun haben wir auch ein Importware-Baby gekriegt.

## 3. Karikatur

Seine Mutter ist immer noch nicht (ihn) zum Abholen gekommen.

## 4. Karikatur

Wir haben keinen Fernseher gekauft (und) versuchen, mit denen hier (gemeint sind die verschiedenen Konsumprodukte, die auf dem Tisch ausgestellt sind) auszukommen. Auch im Fernsehen gibt es sowieso sonst nichts außer denen.

## 5. Karikatur

1. Bild:   Ich bin der Meister des Viertels. / Ach ja?
2. Bild:   Beim Fußballspiel letzte Woche habe ich genau acht Tore geschossen. / Ich
          weiß (schon).
3. Bild:   Ich war am Tor. Hast du`s vergessen?

# 10 B

## Ü 1

1.   Geçen hafta ne yaptınız? istanbul'a gittik (gittim).
2.   Ali dün akşam ne yaptı? Kitap okudu.
3.   Geçen hafta ne yaptın? Arkadaşları ziyaret ettim.
4.   Peter istanbul'da ne yaptı? Camileri ve müzeleri gezdi.
5.   Peter Konya'da ne yaptı? Medreseleri gördü.
6.   Peter Bursa'da ne yaptı? Uludağ'a çıktı.
7.   Dün akşam ne yaptınız? Televizyon seyrettik (seyrettim).
8.   Çocuklar dün sabah ne yaptı. Bahçede futbol oynadılar.

## Ü 2

1.   Filiz dün büroda çalıştı, bugün tatil yapıyor.
2.   Nuray dün arkadaşları ziyaret etti, bugün evde kitap okuyor.
3.   Peter dün İstanbul'da müzeleri gezdi, bugün dağa çıkıyor.
4.   Dün mektup yazdınız, bugün televizyon seyrediyorsunuz.
5.   Selim dün ceket aldı, bugün pantalon alıyor.
6.   Nesrin dün köfte yedi, bugün döner kebap yiyor.
7.   Dün ayran içtik, bugün rakı içiyoruz.
8.   Gençler dün gitar çaldı, bugün saz çalıyorlar.

## Ü 3

1.   Ahmet dün neredeydi? Sinemadaydı.
2.   Öğrenciler dün neredeydi? Üniversitedeydiler. (Üniversite-delerdi.)
3.   Çocuklar dün neredeydi? Bahçedeydiler. (Bahçedelerdi.)

4.    Geçen hafta neredeydiniz? istanbul'daydık. (İstanbul'daydım.)
5.    Geçen yıl neredeydin? Türkiye'deydim.
6.    Peter geçen ay neredeydi? Bursa'daydı.
7.    Arzu bir saat önce neredeydi? Mutfaktaydı.
8.    Metin Bey iki saat önce neredeydi? Bürodaydı.

## Ü 4

1.    Dün Nesrin hastaydı.
2.    Dün çocuklar okuldaydı.
3.    Dün param vardı.
4.    Dün sana para lazım mıydı?
5.    Dün Peter'e sözlük lazım değildi.
6.    Dün çocukların bisikleti yoktu.
7.    Arzu Hanım dün evdeydi.
8.    Dün sana sözlük lazım değil miydi?

## Ü 5

1.    Dün hasta mıydın?
2.    Nein, ich war gestern nicht krank.
3.    Bize yeni bir araba lazımdı.
4.    Kemal'in parası var mıydı?
5.    Nein, er hatte kein Geld.
6.    Arabanız yok muydu?
7.    Çok aptaldık.
8.    Waren die Schüler (Studenten) faul?
9.    Dün yorgun değil miydin?
10.   Brauchtest du kein Geld?
11.   Radyomuz yoktu ama, televizyonumuz vardı.
12.   Hiç İzmir'e gittin mi?
13.   Metin deniz kenarında bir ev aldı.
14.   Bu şehri hiç sevmiyorum.
15.   Ich kenne Ali gar nicht.

**10**

## Ü 6

1.    Ne zaman doğdunuz? 11 Eylül 1980'de doğdum. / Doğum günüm eylülün on birinde.

2. Ünal ne zaman doğdu? 27 Nisan 1986'da doğdu. / Ünal'ın doğum günü nisanın yirmi yedisinde.
3. Ne zaman doğdun? 7 Şubat 1982'de doğdum. / Doğum günüm şubatın yedisinde.
4. Filiz ne zaman doğdu? 16 Mart 1994'te doğdu. / Filiz'in doğum günü martın on altısında.
5. Ne zaman doğdunuz? 30 Ağustos 1996'da doğdum. / Doğum günüm ağustosun otuzunda.

# Ü 7

1. Film başladı mı? Henüz (daha) başlamadı.
2. Ders bitti mi? Henüz (daha) bitmedi.
3. Rakı içtin mi? Henüz (daha) içmedim.
4. Filiz bluzu aldı mı? Henüz (daha) almadı.
5. Televizyon seyrettiniz mi? Henüz (daha) seyretmedik (seyretmedim).
6. Gisela kahve pişirdi mi? Henüz (daha) pişirmedi.
7. Metin Bey büroya gitti mi? Henüz (daha) gitmedi.
8. Gül ütü yaptı mı? Henüz (daha) ütü yapmadı.
9. Gençler futbol oynadı mı? Henüz (daha) oynamadılar.
10. Türkçe öğrendik mi? Henüz (daha) öğrenmedik.

# Ü 8

1. Günter hala rakı mı içiyor? / Günter rakıyı çoktan içti. -Günter rakıyı içti bile.
2. Selim hala kitabı mı okuyor? / Selim kitabı çoktan okudu. - Selim kitabı okudu bile.
3. Nuray hala yemeği mi pişiriyor? / Nuray yemeği çoktan pişirdi. - Nuray yemeği pişirdi bile.
4. Peter hala müzeleri mi geziyor? / Peter müzeleri çoktan gezdi. - Peter müzeleri gezdi bile.
5. Gönül Hanım hala alışveriş mi ediyor? / Gönül Hanım çoktan alışveriş etti. -Gönül Hanım alışveriş etti bile.

# Ü 9

1. Sigara içtin mi? Artık sigara içmiyorum.
2. Rakı içtiniz mi? Artık rakı içmiyoruz.
3. Ali saz çaldı mı? Ali artık saz çalmıyor.
4. Gençler döner kebap yedi mi? Artık döner kebap yemiyorlar.
5. Gisela kahve pişirdi mi? Artık kahve pişirmiyor.
6. Müzik dinledin mi? Artık müzik dinlemiyorum.

7.   Futbol oynadınız mı? Artık futbol oynamıyoruz (oynamıyorum.)
8.   Çocuklar televizyon seyretti mi? Artık televizyon seyretmiyorlar.

## Ü 10

1.   Bütün çocuklar bugün bahçede top oynadı, şimdi hepsi yorgun.
2.   Öğrenciler bütün gün üniversitedeydiler, saat beşte hepsi eve gitti.
3.   Bütün arkadaşlar tatilde İstanbul'a gitti, hepsi çok memnundu.
4.   Bütün elmalar taze mi? Evet, hepsi taze.

## Ü 11

1.   Duisburg'taki Türklerle konuştunuz mu? Evet, konuştum (konuştuk).
2.   Münih'teki birahanelere gittin mi? Evet, gittim.
3.   Peter Bursa'daki hamamları gördü mü? Evet, gördü.
4.   Üniversitedeki profesörlerle konuştun mu? Evet, konuştum.
5.   Konya'daki ve Sivas'taki medreseleri gördünüz mü? Evet gördük (gördüm).

## Ü 12

Peter saat 7.30 da kalktı.
Saat 8'de otelde kahvaltı etti.
Saat 8.30'da otobüsle şehre gitti.
Saat 9'da bankada para bozdurdu.
Saat 9.15't en 11.30'a kadar müzeleri gezdi.
Saat 12'de deniz kenarında bir lokantada öğlen yemeği yedi.
Saat 13.30'dan 16'ya kadar camileri gezdi.
Saat 16.15'ten 18.15'e kadar Kapalıçarşıdan alışveriş etti.
Saat 19'da otele (geri) geldi.
Saat 19.30'da otelde akşam yemeği yedi.
Saat 20'de odasında müzik dinledi ve rakı içti.
Saat 21'de nişanlısına mektup yazdı.
Saat 22'de yattı.

**10**

## Ü 13

Dördüncü gün gemiyle Bandırma'ya gittik. Beşinci gün İzmir'deki çarşıdan alışveriş ettik. Yedinci gün Antalya'daki parkta fotoğraf çektik. Dokuzuncu gün Erzurum'da bakır eşyalar (satın) aldık. Onuncu gün Almanya'ya döndük.

## Ü 14

Sevgili Arzucuğum, Sayın Arzu Hanım / Sevgili Erolcuğum, Sayın Erol Bey / Sevgili Filizciğim, Sayın Filiz Hanım / Sevgili Doğancığım, Sayın Doğan Bey / Sevgili Serapçığım, Sayın Serap Hanım / Sevgili Zeynepçiğim, Sayın Zeynep Hanım / Sevgili Hansçığım, Sayın Hans Bey / Sevgili Günterciğim, Sayın Günter Bey / Sevgili Markusçuğum, Sayın Markus Bey / Sevgili Tülinciğim, Sayın Tülin Hanım / Sevgili Sinancığım, Sayın Sinan Bey / Sevgili Nesrinciğim, Sayın Nesrin Hanım / Sevgili Gabiciğim, Sayın Gabi Hanım / Sevgili Monikacığım, Sayın Monika Hanım / Sevgili Ünalcığım, Sayın Ünal Bey / Sevgili Sabineciğim, Sayın Sabine Hanım / Sevgili Martinciğim, Sayın Martin Bey /

# 11 A

## S 1

Was hast du? Bist du krank? Ja, ich habe etwas Kopfschmerzen und Fieber. Wahrscheinlich habe ich Grippe. Geh sofort zum Arzt. Was hat Ahmet?
Er hat sich das Bein und den Arm gebrochen. Er liegt im Krankenhaus. Dann möchte ich ihn sofort besuchen.

## S 2

Welchen Mantel kaufst du?
Ich weiß nicht, ich habe mich noch nicht entschieden.
Welcher ist hübscher?
Beide sind hübsch.
Welcher gefällt dir besser?
Kauf den gelben meiner Meinung nach.
Der blaue gefällt mir besser, aber er ist zu eng für mich.
Gibt es den auch in Grün? Am besten kaufst du den grünen.

## S 3

Hat der Film dir gefallen? Ich fand (ihn) etwas langweilig.
Ich habe mich auch gelangweilt.
Ich brauche ein neues Türkischbuch. Ob du eines hast?

Ich habe auch kein neues, (sondern) ein altes.

Ich habe Appetit auf einen guten türkischen Kaffee.

Gute Idee. Komm, gehen wir in die Küche und kochen türkischen Kaffee.

## T 1

### Skikurs auf dem Uludağ

Ahmet macht seit einer Woche einen Skikurs auf dem Uludağ. Der 13. Januar war für ihn ein Unglückstag. An jenem Tag ist Ahmet am Morgen Ski gefahren, am Mittag hat er im Hotel gegessen und nach dem Essen traf er einen alten Freund. Ahmet trank im Salon des Hotels mit seinem alten Freund Wein und wurde betrunken. Am Nachmittag wollte er wieder Ski fahren, aber ihm wurde schwindlig und er fiel hin. Er brach sich das Bein und den Arm. Sein Freund brachte ihn sofort ins Krankenhaus. Der Arzt nahm Ahmets Bein und Arm in Gipsverband. Nun liegt Ahmet im Krankenhaus, und sein Freund besucht ihn jeden Tag.

## D

### Wo tut es Ihnen weh?

(ein kleines Spiel, die Personen: der Patient, der Arzt, die Krankenschwester)

A.:    Was haben Sie? Was sind Ihre Beschwerden?

P.:    Ich bin sehr krank, Herr Doktor.

A.:    Wo tut es Ihnen weh?

P.:    Am meisten tut mir der Magen weh.

A.:    Wo haben Sie sonst Schmerzen?

P.:    Mein Kopf tut weh, mein Hals tut weh.

A.:    Husten Sie?

P.:    Ja, ich huste. Ich schwitze sehr und ich friere sehr.

A.:    Sagen Sie bitte ‚Aaa'.

P.:    Aaa.

A.:    Ja, Ihr Hals ist sehr rot.

P.:    Was habe ich, Herr Doktor?

A.:    Eine starke Erkältung. Wir möchten eine Röntgenaufnahme von Ihrem Magen machen. Wir machen auch eine Urin- und Blutuntersuchung. Nehmen Sie dieses Medikament morgen früh auf nüchternen Magen und kommen Sie für die Röntgenaufnahme morgen wieder zu mir.

P.:    Ist das eine gefährliche Krankheit?

A.:    Geben Sie acht auf Ihre Gesundheit. Rauchen Sie?

**11**

P.:     Ein Päckchen am Tag.

A.:     Hören Sie sofort mit dem Rauchen auf. Ich (ver)schreibe Ihnen ein Rezept. Neh-
        men Sie sofort Ihre Medikamente ein. Tabletten und Tropfen. Dreimal am Tag nach
        den Mahlzeiten. Die Tropfen benutzen Sie ab morgen und kommen Sie zu mir in
        zwei Wochen zur Kontrolle.

P.:     Wo ist die nächste Apotheke, Herr Doktor?

A.:     Fragen Sie die Schwester.

P.:     Schwester, wo ist die nächste Apotheke?

S.:     Gleich um die Ecke. Vergessen Sie nicht, morgen kommen Sie wieder zu uns für
        die Röntgenaufnahme, für die Urinuntersuchung und Blutuntersuchung.

P.:     Ja, ich weiß, Schwester, danke.

S.:     Wiedersehen, gute Besserung.


## T/D 1

### Wir machen Landeskunde (Unser Unterricht ist Landeskunde)

Im Türkischkurs an der Hochschule für Fremdsprachen machen wir heute keine Gram-
matik, (sondern) Landeskunde. Die Studenten stellen Fragen über die Türkei, der Lehrer
gibt Informationen über die Türkei; er zeigt Städte und Gebiete auf der Landkarte.

| | |
|---|---|
| Manfred: | Wie hoch ist die Bevölkerungszahl und (wie groß ist) die Fläche der Türkei? |
| Lehrer: | In der Türkei leben ungefähr 70 Millionen Menschen. Die Fläche der Türkei (beträgt) 780.000 Quadratkilometer. |
| Heike: | Was (welcher Ort) ist die Hauptstadt der Türkei? |
| Lehrer: | Die Hauptstadt der Türkei ist Ankara. Ankara ist in Mittelanatolien. |
| Norbert: | Wo ist Erzurum? |
| Lehrer: | Erzurum ist im Osten der Türkei. |
| Susanne: | Wo ist Mardin? |
| Lehrer: | Mardin ist im Südosten der Türkei. |
| Manfred: | Welche Meere umgeben die Türkei? |
| Lehrer: | Im Norden der Türkei gibt es das Schwarze Meer, im Nordwesten den Bosporus, das Marmara-Meer und die Dardanellen, im Westen das Ägäische Meer und im Süden das Mittelmeer. |
| Heike: | Welche geographischen Regionen gibt es in der Türkei? |
| Lehrer: | In der Türkei gibt es sieben geographische Regionen: Die Marmara-Region, die Ägäische Region, die Mittelmeer-Region, die Schwarzmeer-Region, Inneranatolien, Ostanatolien und Südostanatolien(-Region). |
| Norbert: | Wo (in der Türkei) (liegt) Samsun? |
| Lehrer: | Samsun (liegt) in der Schwarzmeer-Region, im Norden der Türkei. Samsun ist eine Hafenstadt. |

Norbert:     Ist Mersin auch eine Hafenstadt?

Lehrer:      Ja, Mersin ist in der Mittelmeer-Region, im Süden der Türkei, eine wichtige
             Hafenstadt.

Susanne:     Wißt ihr, welche Orte in der Türkei ich am meisten sehen möchte?

Norbert:     Welche Orte, Susanne?

Susanne:     Die Ägäische- und die Mittelmeer-Region.

Manfred:     Warum möchtest du jene Orte sehen?

Susanne:     Weil es in jenen Orten vier Jahreszeiten (lang) Sommer ist.

Heike:       Und ich möchte am meisten Edirne sehen, weil es (dort) eine wichtige
             Grenzstadt ist.

Norbert:     Wo ist Edirne?

Lehrer:      Edirne ist in Thrakien.


## T/D 2

**Ich möchte mich für die Philosophische Fakultät immatrikulieren**

Sieglinde Bauer lernt seit zwei Jahren an der Hochschule für Fremdsprachen Türkisch,
weil sie an der Universität Istanbul Turkologie studieren möchte. Heute geht sie zum Stu-
dentenwerk und spricht mit dem dortigen Beamten.

B.:     Ja bitte?

S.:     Ich möchte mich für die Turkologie-Abteilung der Philosophischen Fakultät imma-
        trikulieren. Zwei Jahre besuchte ich Sprachkurse und absolvierte dieses Jahr den
        Kursus.

B.:     Sind Ihre nötigen Unterlagen vollständig?

S.:     Ich glaube (schon). Meine Grundschul-, Mittelschul- und Gymnasium-Diplome, 12
        Paßbilder, Sprachkursdiplom. Was ist noch nötig?                                    **11**

B.:     Es fehlt nur ein Gesuch. Für das Fakultätsdekanat ist ein schriftlicher Antrag nötig.

S.:     Was soll ich schreiben? Helfen Sie mir bitte.

B.:     Natürlich, gerne. Schreiben Sie so: „Ich möchte mich für die Turkologie-Abteilung
        der Philosophischen Fakultät immatrikulieren. Ich absolvierte den Türkischkurs
        der Hochschule für Fremdsprachen. Anbei überreiche ich die nötigen Unterlagen."
        Und auch hier unterschreiben, bitte.

S.:     Danke.

## T 2

**Lebenslauf**

Sie wissen (schon), Faruk hat für die Firma in Adana mit seinem Bewerbungsgesuch sei-
nen Lebenslauf geschickt: Ich heiße Faruk Tokaç. Ich bin am 17.11.1968 in Balıkesir
geboren. Ich besuchte die Grundschule und Mittelschule in Balıkesir. 1988 absolvierte
ich das Istanbuler Jungengymnasium. An der Universität Istanbul studierte ich Volkswirt-
schaft und Jura. Im Jahre 1996 absolvierte ich (die Universität) und machte meinen Mili-
tärdienst als Reserveoffizier in Kars. Im Jahre 1998 heiratete ich Nesrin Bilgin. Ich arbei-
tete bei der Iş-Bank und bei der Handelsbank als Berater. Seit einigen Jahren arbeite ich
bei einer deutschen Firma in Istanbul.

## Karikatur

Was sind Ihre Beschwerden?
Meine Nachbarn machen viel Krach.

# 11 B

## Ü 1

a)   1.   Neyiniz var, şikâyetiniz ne? Dişim(iz) ağrıyor.
     2.   Çocuğun nesi var, şikâyeti ne? Midesi bulanıyor.
     3.   Ahmet'in nesi var, şikâyeti ne? Bacağı ve kolu kırıldı.
     4.   Gönül Hanım'ın nesi var, şikâyeti ne? Başı dönüyor.
     5.   Neyiniz var, şikâyetiniz ne? Karnım(ız) ağrıyor.

b)   6.   Öğrencilerin nesi var? Grip oldular.
     7.   Neyin var? Üşüttüm.
     8.   Neyiniz var? Anjin oldum (olduk).
     9.   Çocukların nesi var? İshal oldu.
     10.  Bebeğin nesi var? Kabız oldu.

# Ü 2

a.    Nerenin şeftalisi meşhur? Bursa'nın şeftalisi meşhur.
      Nerelerin şeftalisi meşhur? Bursa'nın ve Niğde'nin şeftalisi meşhur.
b.    Nerenin kedisi meşhur? Ankara'nın kedisi meşhur.
      Nerelerin kedisi meşhur? Ankara'nın ve Van'ın kedisi meşhur.
c.    Nerenin elması meşhur? Niğde'nin elması meşhur.
      Nerelerin elması meşhur? Niğde'nin ve Amasya'nın elması meşhur.
d.    Nerenin çinisi meşhur? Kütahya'nın çinisi meşhur.
      Nerelerin çinisi meşhur? Kütahya'nın ve İznik'in çinisi meşhur.
e.    Nerenin halısı meşhur? Isparta'nın halısı meşhur.
      Nerelerin halısı meşhur? Isparta'nın ve İzmir'in halısı meşhur.

# Ü 3

1.    Nerede
2.    Neresi
3.    Neresi
4.    Burası
5.    nerede
6.    burada.

# Ü 4

1.    Neresi ağrıyor?
2.    Neren acıyor?
3.    Nereniz ağrıyor?
4.    Arabanın neresi bozuk?                                              **11**
5.    Nereleri gezdi?
6.    İstanbul'un neresinde oturuyor?

# Ü 5   z. B.:

dil kursu: Sieglinde dil kursuna devam etti /
çamaşır makinesi: Çamaşır makinesini aldım /
diş fırçası: Diş fırçam nerede?
kayak kursu: Ahmet kayak kursuna gidiyor.
Münih birası: Münih birasını seviyorum.
elbise dolabı: Elbise dolabında elbiseler var.
buz dolabı: Buz dolabında ne var?
Türk kahvesi: Türk kahvesini seviyor musunuz?

Ankara Üniversitesi: Ankara Üniversitesi'nde okuyorum.

öksürük şurubu: Öksürük şurubunu içtim.

çocuk doktoru: Anne bebeği çocuk doktoruna götürdü.

çocuk kitabı: Çocuk kitabını okudum.

lise diploması: Sieglinde lise diplomasını Öğrenci İşleri Bürosuna götürdü.

boğaz ağrısı: Doktor hastaya boğaz ağrısı için hap verdi.

ev kadını: Ev kadını değilim.

kadın doktoru: Ayşe kadın doktoruna gitti.

# Ü 7

| | | |
|---|---|---|
| KAR- | A | -DENİZ TÜRKİYE'NİN KUZEYİNDE |
| A- | N | -TALYA TÜRKİYE'NİN GÜNEYİNDE |
| | A | -NKARA TÜRKİYE'NİN BAŞKENTİ |
| AK | D | -ENİZ TÜRKİYE'NİN GÜNEYİNDE |
| B- | O | -ĞAZİÇİ İSTANBUL'DA |
| EGE BÖ- | L | -GESİ TÜRKİYE'NİN BATISINDA |
| ERZUR- | U | -M TÜRKİYE'NİN DOĞUSUNDA |

# Ü 8

a.    Odaların en büyüğü 25 metrekare.

b.    Karpuzların en küçüğü 2 kilo.

c.    Şehirlerin en güzeli İstanbul.

d.    Mantoların en pahalısı kürk manto.

e.    Bluzların en güzeli çok pahalı.

# Ü 9

a.    Bu bluzun sarısı var mı?

b.    Bu etekliğin karelisi var mı?

c.    Bu gömleğin çizgilisi var mı?

d.    Bu bisikletin yeşili var mı?

e.    Bu pidenin peynirlisi var mı?

f.    Bu mantonun daha ucuzu var mı?

# Ü 10a

1. Film hoşunuza gitti mi?
2. Sinemada canınız sıkıldı mı?
3. Canın rakı istedi mi?
4. Ahmet'in hastanede canı sıkıldı mı?
5. Müzik Nuray'ın hoşuna gitti mi?

# Ü 10b

1. Ahmet'in canı ne istiyor?
   Ahmet'in canı peynirli pide istiyor.
2. Canınız ne istiyor?
   Canım(ız) soğuk bir rakı istiyor.
3. Gül'ün canı ne istiyor?
   Gül'ün canı dondurma istiyor.
4. Çocuların canı ne istiyor?
   Çocuların canı çikolata istiyor.

# Ü 10c

1. Gül'ün ütüye ihtiyacı var.
2. Büyükannenin gözlüğe ihtiyacı var.
3. Elektrikli fırına ihtiyacım var.
4. Paraya ihtiyacın var.

# Ü 11

11

1. Ahmet için 13 Ocak uğursuz bir gün, çünkü Ahmet o gün Uludağ'da düştü, bacağım ve kolunu kırdı.
2. S. B. bugün Öğrenci İşleri Bürosu'na gidiyor, çünkü Edebiyat Fakültesi'nin Türkoloji Bölümü'ne kaydını yaptırmak istiyor.
3. Türkiye'nin nüfusu 70 milyon, yüzölçümü 780.000 kilometrekare.
4. Türkiye'nin başkenti Ankara.
5. Türkiye'yi kuzeyde Karadeniz, kuzeydoğuda İstanbul Boğazı, Marmara Denizi ve Çanakkale Boğazı, batıda Ege Denizi, güneyde Akdeniz çevreliyor.
6. Türkiye'nin coğrafi bölgeleri: Karadeniz Bölgesi, Marmara Bölgesi, Ege Bölgesi, Akdeniz Bölgesi, İç Anadolu Bölgesi, Doğu Anadolu Bölgesi, Güneydoğu Anadolu Bölgesi.
7. ?

# 12 A

## S 1

Was wird Sinan im Sommer machen?
Er wird in die Türkei fahren.
Wirst du auch im Sommer in die Türkei fahren?
Nein, ich werde nicht in die Türkei fahren. Ich habe keine Ferien (keinen Urlaub). Ich werde hier bleiben und arbeiten. Und du?
Ich werde einen Monat arbeiten, dann werde ich in Urlaub fahren.
Wo wirst du deinen Urlaub verbringen?
Ich weiß noch nicht. Ich werde (es mir) überlegen.

## S 2

Die Studenten werden bis Sommer Türkisch lernen. Im Sommer werden sie in die Türkei fahren. Zwei Wochen werden sie in Istanbul bleiben, dann werden sie mit dem Bus nach Izmir fahren. Sie werden Ephesus und Hierapolis sehen. Vielleicht werden sie auch nach Bodrum fahren. Im September werden sie nach Deutschland zurückfliegen. Mit türkischen Freunden in Deutschland werden sie dann immer Türkisch sprechen.

## S 3

a)   Wirst du morgen abend bei mir vorbeischauen?
     Nein, ich werde morgen bis fünf Uhr Unterricht haben, ich werde sehr müde sein.

b)   Ich werde ein Türkischbuch brauchen.
     Warum? Was wirst du mit einem Türkischbuch machen?
     Bald werde ich Türkisch lernen.

c)   Gibt es zu Hause etwas zu essen?
     Ja, es gibt zu Hause etwas zum Essen und zum Trinken.
     Hast du etwas zum Schreiben?
     Nimm, hier (sind) ein Kuli und ein Füller.

## D 1

### Sinan in Istanbul: „Wie komme ich zum Galata-Turm?"

Sinan wohnt in einem Hotel in Sultanahmet. Heute morgen möchte er zum Galata-Turm gehen. Er fragt unterwegs einen Mann:

| | |
|---|---|
| Sinan: | Wie komme ich zum Galata-Turm? Zeigen Sie (es) mir bitte auf dem Stadtplan. Ist es weit von hier? |
| Passant: | Ja, ziemlich weit. Sie werden bis Karaköy mit dem Bus fahren. |
| Sinan: | Gibt es in der Nähe eine Bushaltestelle? |
| Passant: | Ja, die Bushaltestelle ist gegenüber, auf der rechten Seite (rechts gegenüber). Sie werden in die Linie 21 einsteigen, nach der Galata-Brücke werden Sie in Karaköy einsteigen. |
| Sinan: | Werde ich umsteigen? |
| Passant: | Der Galata-Turm ist nah am Karaköy-Platz. Sie werden am Karaköy-Platz aussteigen, ungefähr 100 Meter geradeaus gehen und bei der Kreuzung links einbiegen. (Von) dort werden Sie in die U-Bahn einsteigen. Aber am besten fahren Sie mit dem Dolmuş oder mit dem Taxi. Ich rufe Ihnen ein Taxi. Hej, Taxi, sind Sie frei? |
| Sinan: | Einen Moment, Freund, ich möchte kein Taxi. Ich werde mit dem Bus fahren. |

## D 2

### Sinan im Autobus

(die Personen: Sinan, Fahrgast)

| | |
|---|---|
| Sinan: | Entschuldigung, ist hier frei? |
| Fahrgast: | (Hier ist) frei, sehen Sie (denn) nicht? |
| Sinan: | (Der Bus) fährt über Karaköy, nicht wahr? Wieviele Haltestellen gibt es bis Karaköy? |
| Fahrgast: | Nur eine Haltestelle. Sind Sie Tourist? |
| Sinan: | Ich bin hier fremd, ich komme aus Deutschland. |
| Fahrgast: | Leben Sie in Deutschland? Sehr schön. |
| Sinan: | Entschuldigung, gibt es in der Nähe einen Ort, wo man essen kann? |
| Fahrgast: | Am Karaköy-Platz gibt es viele Imbißstuben, dort gibt es Toast, belegte Brötchen, Ayran, alles. Wir sind in Karaköy (angekommen.) Ich steige auch hier aus. Wo möchten Sie hin? |
| Sinan: | Zum Galata-Turm. Gibt es noch andere Orte in Istanbul zum Besichtigen? |
| Fahrgast: | In Istanbul gibt es viele Orte zu besichtigen, zum Beispiel (den) Topkapı-Palast, das Archäologische Museum, (den) Gülhane-Park, das Museum für Gemälde und Skulpturen ... |

**12**

## D 3

Sinan begegnet in Istanbul Nuri, einem alten Freund von ihm.

N.:    Mensch, lieber Sinan, was machst du denn hier so?

S.:    Ich verbringe diesen Sommer meinen Urlaub in Istanbul. Istanbul ist eine sehr schöne und sehr große Stadt. Nur ihr Verkehr ist sehr durcheinander.

N.:    Wie geht's dir, gibt's was Neues?

S.:    Frag lieber nicht, ich sitze in der Tinte. Mein Auto ist kaputt.

N.:    Was ist an deinem Auto kaputt?

S.:    Ich habe einen kleinen Unfall gemacht (gehabt). Ich stieß mit einem Lastwagen zusammen. Der Kotflügel und die Stoßstange gingen kaputt, die Scheinwerfer sind zerbrochen.

N.:    Gute Besserung, lieber Mehmet. Warst du schuldig?

S.:    Nein, der Lastwagenfahrer war schuldig. Wir sind zur Polizeiwache gegangen. Die Polizisten haben auch meinen Führerschein weggenommen, deshalb fahre ich (nun) immer mit dem Bus herum.

N.:    Hast du keine Versicherung?

S.:    Doch, schon, aber in Deutschland.

N.:    Mach dir nichts draus, mach dir keine Sorgen. Ich lade dich ins Hacıbaba-Restaurant ein und (dort) werden wir gut essen.

## D 4

### Sinan und Nuri gehen ins Restaurant

(die Personen: Mehmet, Nuri, der Kellner)

S.:    Ich habe großen Hunger.

N.:    Ich habe auch großen Hunger und Durst. Mensch, wo ist denn der Kellner?

S.:    Herr Ober!

O.:    Ja, bitte?

N.:    Wo ist die Speisekarte?

O.:    Da ist sie.

S.:    Was würden Sie heute empfehlen?

O.:    Der Fisch ist heute sehr frisch.

S.:    Aber ich mag keinen Fisch. Gibt es keinen Döner Kebap?

O.:    Döner Kebap ist heute leider alle. Aber wir haben sehr gute gemischte Grillplatte, Adana Kebap, İskender Kebap und Urfa Kebap.

N.:    Was gibt es an Suppen?

O.:    Gemüsesuppe, Linsensuppe, Tarhana-Suppe ...

S.:    Was gibt es an kalten Gerichten?

O.: Auberginenbraten, imambayıldı, Bohnengericht, Hirnsalat ...

N.: Was wirst du essen, lieber Sinan?

S.: Zuerst esse ich mal eine Tarhana-Suppe und dann möchte ich eine Portion Adana Kebap und einen gemischten Salat. Und du, lieber Nuri?

N.: Ich werde sowohl imambayıldı als auch gemischte Grillplatte essen.

O.: Jawohl. Was soll ich an Getränken bringen?

S.: Rakı natürlich. Bringen Sie eine kleine Flasche Rakı und zwei Gläser.

O.: Jawohl. Möchten Sie Nachtisch?

N.: Bringen Sie mir Baklava.

S.: Ich möchte keinen Nachtisch, ich werde Kaffee trinken. Soll mittelsüß sein.

O.: Jawohl.

   ...

S.: Hast du Feuer, Nuri?

N.: Ich rauche nicht mehr. Zigaretten bekommen mir nicht.

S.: Herr Ober, bringen Sie mir auch Streichhölzer, bitte.

O.: Hier bitte, Streichhölzer, eine kleine Flasche Rakı, Adana Kebap und gemischte Grillplatte und auch einen Hirnsalat.

N.: Danke. Guten Appetit, Mehmet.

S.: Dir auch, lieber Nuri und prost!

   ...

N.: Herr Ober, wir möchten zahlen, die Rechnung bitte.

O.: Hier ist die Rechnung. Alles macht ... Lira.

N.: Hier bitte, ... Lira, stimmt so.

O.: Vielen Dank. Kommen Sie wieder.


## Rätsel

Übersetzung:    Die Dame ist drinnen, ihr Haar ist draußen.

Lösung:         Mais

**12**

## 1. Karikatur

Wir werden die alten Fehler nicht wiederholen. Wir werden neue Fehler machen.


## 2. Karikatur

Wer wird den ‚Imam fiel in Ohnmacht' essen?

## Bildgeschichte

2. Reihe,     1. Bild: Abhauen wird immer schwieriger. / Hör auf mich.

2. Bild: Sprich ganz offen mit Tonton. Sei kein Angsthase. / Das stimmt.

3. Bild: Alles klar, Tonton? Ich werde zu spät kommen, das ist alles.

3. Reihe,     1. Bild: Plötzlich bin ich erleichtert.

2. Bild: Gnade!

3. Bild: Hör auf mich... / Ach, hör bitte auf.

## Lied

Komm zu uns, misch dich unter uns,

sowohl in den Tanz als auch ins Wort,

Lieder singend oy oy,

Laßt uns tanzen, loy loy

# 12 B

## Ü 1

1.     Yarın rakı içeceğiz.
2.     Nuri yarın karışık ızgara yiyecek.
3.     Çocuklar yarın televizyon seyredecek(ler).
4.     Yarın İstanbul'daki akrabaları ziyaret edeceksin.
5.     Sinan yarın Sultanahmet'te bir otelde kalacak.
6.     Yarın Sinan akrabalar için ufak tefek hediyelik eşyalar alacak.
7.     Yarın Sieglinde Yabancı Diller Yüksek Okulu'nda Türkçe öğrenecek.
8.     Yarın Ahmet Uludağ'da kayak kayacak.
9.     Yarın Sinan bavulunu hazırlayacak.
10.    Yarın Filiz mavi bir hazak alacak.

## Ü 2

1. Dün ütü yaptın, bugün saz çalıyorsun, yarın akrabaları ziyaret edeceksin.
2. Dün üniversiteye gittik, bugün gazete okuyoruz, yarın top oynayacağız.
3. Nesrin dün mektup yazdı, bugün postaneye gidiyor, yarın eve telefon edecek.
4. Sinan dün kaza yaptı, bugün karakola gidiyor, yarın ehliyetini kaybedecek.

## Ü 3

1. Ne zaman rakı içeceksiniz? içtim (içtik) bile / Çoktan içtim (içtik).
2. Çocuklar ne zaman top oynayacaklar? Oynadılar bile / Çoktan oynadılar.
3. Peter ne zaman Türkçe öğrenecek? Öğrendi bile / Çoktan öğrendi.
4. Öğrenciler ne zaman video kaseti seyredecekiler? Seyrettiler bile / Çoktan seyrettiler.
5. Ali ne zaman saz çalacak? Çaldı bile / Çoktan çaldı.

## Ü 4

1. Televizyon seyrettiniz mi? Hayır ama, şimdi seyredeceğiz (seyredeceğim.)
2. Michael saz çaldı mı? Hayır ama, şimdi çalacak.
3. Nuray mektubu yazdı mı? Hayır ama, şimdi yazacak.
4. Metin gazete okudu mu? Hayır ama, şimdi okuyacak.
5. Gül ütü yaptı mı? Hayır ama, şimdi yapacak.
6. Monika Türk kahvesi pişirdi mi? Hayır ama, şimdi pişirecek.
7. Turistler Arkeoloji Müzesi'ni gezdi mi? Hayır ama, şimdi gezecekler.
8. Ruth Sinan için hediye aldı mı? Hayır ama, şimdi alacak.

## Ü 5

1. Norbert gelecek yıl Türkçe öğrenecek mi? Evet, öğrenecek / Hayır, öğrenmeyecek. **12**
2. Yarın sinemaya gidecek miyiz? Evet, gideceğiz / Hayır, gitmeyeceğiz.
3. Sinan tatili İstanbul'da geçirecek mi? Evet, geçirecek / Hayır, geçirmeyecek.
4. Cumartesi günü Uludağ'a çıkacak mısınız? Evet çıkacağız (çıkacağım) / Hayır, çıkmayacağız (çıkmayacağım).
5. Turistler yarın Topkapı Sarayı'nı gezecek mi? Evet, gezecekler / Hayır, gezmeyecekler.
6. Öğrenciler yarın Gülhane Parkı'na gidecek mi? Evet, gidecekler / Hayır, gitmeyecekler.
7. İstanbul'da teyzeni ziyaret edecek misin? Evet, ziyaret edeceğim / Hayır, ziyaret etmeyeceğim.
8. Nuri Bey yarın akşam döner kebap yiyecek mi? Evet, yiyecek / Hayır, yemiyecek.

## Ü 6

1. Sinan bu akşam çok yorgun olacak.
2. Yarın yeni bir ehliyeti olacak.
3. Yeni bir arabamız (otomobilimiz) olacak.
4. Türkçe öğreniyorsunuz, size Türkçe kitabı lazım olacak (sizin Türkçe kitabına ihtiyacınız olacak).

## Ü 7

1. Burada giyecek bir şey var mı?
2. Burada yazacak bir şey var mı?
3. Burada yazacak bir şey var mı?
4. Burada okuyacak bir şey var mı?
5. Bu akşam (televizyonda) seyredecek bir şey var mı?
6. Burada çalacak bir şey var mı?

## Ü 8

a)  1. Peter hem sarayları hem (de) müzeleri gezecek.
    2. Nuri hem saz(ı) hem (de) gitar(ı) çalacak.
    3. Hem kitabı hem (de) dergiyi okuyacağım.
    4. Michael hem bira(yı) hem (de) rakı(yı) içecek.
    5. Nesrin hem pastayı hem (de) çöreği yiyecek.

b)  1. Peter ne sarayları ne (de) müzeleri gezecek. (gezmeyecek)
    2. Nuri ne saz(ı) ne (de) gitar(ı) çalacak. (çalmayacak)
    3. Ne kitabı ne (de) dergiyi okuyacağım. (okumayacağım)
    4. Michael ne bira(yı) ne (de) rakı(yı) içecek. (içmeyecek)
    5. Nesrin ne pastayı ne (de) çöreği yiyecek. (yemiyecek)

c)  1. Peter ya sarayları ya (da) müzeleri gezecek.
    2. Nuri ya saz(ı) ya (da) gitarı çalacak.
    3. Ya kitabı ya (da) gazeteyi okuyacağım.
    4. Michael ya bira(yı) ya (da) rakı(yı) içecek.
    5. Nesrin ya pastayı ya (da) çöreği yiyecek.

## Ü 9

1. Sinan Sultanahmet'te bir otelde kalıyor.
2. Sinan Galata Kulesi'ne 21 numaralı otobüsle gidecek.
3. Karaköy meydanında çok büfeler var. Oralarda tost, sandviç, ayran, her şey var.
4. İstanbul'da gezecek çok yer var. Örneğin Topkapı Sarayı, Gülhane Parkı, Arkeoloji Müzesi, Resim ve Heykel Müzesi
5. Sinan'ın başı dertte, çünkü bir kaza yaptı, arabası bozuldu.
6. Sinan tarhana çorbası içiyor, bir porsiyon Adana kebabı ve karışık salata yiyor. Nuri hem imambayıldı hem karışık ızgara yiyor.
7. ?

# 13 A

## T 1

**Das Leben von Vural und Feray**

Feray steht jeden Morgen um sieben Uhr auf, geht sofort in die Küche und macht das Frühstück. Vural steht gegen halb acht auf. Vural und Feray frühstücken zusammen, dann fahren sie mit dem Auto zur Arbeit. Beide arbeiten in einem Büro am Taksim als Architekten, sie haben noch keine Kinder. Sie sind seit zwei Jahren verheiratet.

Mittags essen sie in einer Imbißstube am Taksim oder in der Kantine des Büros das Mittagessen. Am Nachmittag arbeiten sie bis fünf Uhr, dann kommen sie nach Hause. Sie essen zu Abend und schauen fern. Manchmal hören sie klassische Musik oder besuchen Freunde. Im allgemeinen gehen sie früh schlafen.

Aber heute werden sie nicht früh schlafen gehen, denn heute abend kommt Besuch: Sieglinde und Markus. Deshalb geht heute Feray etwas früher von der Arbeit (nach Hause) und kauft unterwegs für die Gäste ein. Um den Gästen (etwas) anzubieten, kauft sie verschiedene Lebensmittel und Getränke. Am Abend gegen sieben Uhr läuten die Gäste an **13** der Tür. Feray und Vural unterhalten sich mit den Gästen sehr gut.

## D 1

### Ein Besuch

(die Personen: Vural, Feray, Sieglinde, Markus)

a)  F.:   Oh, herzlich willkommen.

S.:   Danke, Frau Feray, Herr Vural. Ich stelle vor: Mein Verlobter Markus.

M.:   Hat mich gefreut.

V.:   Hat uns auch gefreut. Sprechen Sie Türkisch?

M.:   Ja, ich kann etwas Türkisch. Aber natürlich nicht so gut wie Sieglinde.

F.:   Bitte, setzen Sie sich. Was trinken Sie?

S.:   Machen Sie sich keine Umstände, Frau Feray.

F.:   Aber ich bitte (Sie), das ist doch keine Mühe!

S.:   Dann bitte ich um einen Kaffee. Ich schwärme für den türkischen Kaffee.

F.:   Wie möchten Sie den Kaffee? Süß, mittelsüß?

S.:   Ohne alles, bitte.

b)  V.:   Trinken Sie Raki, Herr Markus?

M.:   Ich trinke keinen Raki, aber heute abend trinke ich ein Gläschen Ihnen zuliebe.

V.:   Klar, trinken wir zusammen. Um fröhlich zu werden, trinke ich jeden Abend Raki. Was möchten Sie zum Raki? Pistazien, Mandeln, Schafskäse, Honigmelone?

M.:   Ich ziehe Honigmelone mit Schafskäse vor.

F.:   Nehmen Sie Zigaretten, Frau Sieglinde.

S.:   Ich rauche nicht, aber Ihnen zuliebe rauche ich jetzt eine Samsun.

M.:   Würden Sie uns bitte eine türkische CD oder Cassette spielen? Ich mag die türkische Musik sehr.

F.:   Gerne. Was für eine Musik ziehen Sie vor? Volksmusik oder Kunstmusik?

M.:   Volksmusik, bitte.

c)  S.:   Ihre Wohnung ist sehr hübsch. Die Möbel und Kelims passen sehr gut zusammen.

V.:   Danke. Sie machen ein Kompliment.

F.:   Wir sind hier vor kurzem eingezogen. (Unsere) diese Wohnung ist gemütlicher und komfortabler als unsere alte Wohnung. Wir wohnen oben (in einer oberen Etage), aber es gibt (ja) einen Aufzug. Die unteren Etagen sind im allgemeinen dunkel, aber hier ist es hell, und es gibt einen Ausblick über das Meer. Schauen Sie aus diesem Fenster, Sie sehen den Bosporus.

M.:   Ja, wirklich sehr schön. Wieviele Zimmer haben Sie?

V.:   Unsere Wohnung hat vier Zimmer. Das da ist das Arbeitszimmer, das hier ist das Wohnzimmer, dort ist das Schlafzimmer, das dort ist das Kinderzimmer, aber wir haben noch keine Kinder. Feray arbeitet auch, sie ist keine Hausfrau. Vorläufig möchten wir keine Kinder.

S.: Ja, ich verstehe.

d) F.: Nehmen Sie noch ein (Stück) Gebäck, Frau Sieglinde?

S.: (Gesundheit für Ihre Hand,) der Kaffee und das Gebäck sind sehr gut, aber für mich ist es genug.

V.: Was machen Sie in Ihrer Freizeit, Herr Markus?

M.: Ich treibe Sport. Ich liebe Sport sehr. Oft bade ich im Meer, ich schwimme viel, ich fische, ich fahre Wasserski. Ich treibe Sport, um jung zu bleiben. Ich mache auch Fotos. Ich habe einen neuen Fotoapparat gekauft. Was machen Sie in Ihrer Freizeit?

F.: Am Wochenende besuchen wir meistens unsere Freunde, sehr oft sehen wir fern, oder wir gehen ins Kino. Und manchmal hören wir klassische Musik.

V.: Und manchmal reisen wir.

S.: Auch wir möchten bald eine Türkeireise machen. Morgen werden Markus und ich zum Fremdenverkehrsbüro gehen und Informationen bekommen.

# D 2

**Im Fremdenverkehrsbüro**
(die Personen: die Angestellte, Sieglinde, Markus)

A.: Ja bitte?

S.: Wir möchten eine Türkeireise machen. Haben Sie eine Straßenkarte?

A.: Selbstverständlich. Hier bitte. Wann werden Sie reisen?

M.: Im Sommer.

A: Wohin (zu welchen Orten) werden Sie fahren?

S.: Wir werden die Ägäische- und Mittelmeer-Regionen besichtigen.

A.: Im Sommer sind die Ägäische- und die Mittelmeer-Regionen sehr heiß. Die Reise mit dem Auto ist schwer.

S.: Was würden Sie empfehlen?

A.: Reisen Sie mit dem Schiff oder mit TCDD.

M.: Was heißt TCDD?

A.: Das heißt Staatliche Eisenbahn der Türkischen Republik. Im Sommer gibt es von Istanbul nach Bandırma (eine) regelmäßige Schiffsverbindung. Sie fahren von Bandırma nach Izmir, und Sie fahren mit dem Zug oder mit dem Bus weiter. Die Busreise ist in der Türkei sehr gemütlich.

S.: Wahrscheinlich haben Sie recht. So ist es sicherlich besser. Also gut, welche Orte

**13**

würden Sie außer Izmir zum Besichtigen empfehlen?

A.:   Jeden Sommer kommen nach Bodrum Hunderte von Touristen. Dort ist das Leben sehr rege. Es gibt Diskotheken und verschiedene andere Vergnügungen. Dort gibt es auch viele Touristenläden, zum Beispiel finden Sie (dort) mit türkischen Motiven verzierte Nationaltrachten und Kupfersachen. Marmaris und Fethiye sind ruhiger, aber in diesen Gegenden ist die Natur sehr schön. Das Tote Meer und die Tannen-wälder sind wunderbar. In den Ägäischen- und Mittelmeer-Regionen finden sie nicht nur schöne, sondern auch historische Städte. Es gibt viele Sehenswürdigkei-ten.

M.:   Wir bedanken uns für diese Informationen.

A.:   Bitte sehr, gern geschehen.


## T 2

**Der Kessel des Nachbarn**

Eines Tages leiht sich Nasreddin Hoca einen Kessel bei seinem Nachbarn. Nach einigen Tagen bringt er den Kessel zurück und gibt dem Nachbarn mit dem Kessel zusammen auch zwei Kochtöpfe. Der Nachbar staunt und fragt:

„Warum gibst du mir diese Kochtöpfe, Herr Hoca?" Der Hoca antwortet: „Dein Kessel hat geboren, Nachbar. Diese Kochtöpfe sind die Kinder des Kessels."

Natürlich freut sich der Nachbar sehr und nimmt mit dem Kessel auch die Kochtöpfe. Nach einiger Zeit leiht sich der Hoca wieder den Kessel bei seinem Nachbarn und bringt (ihn) nicht zurück. Nach einigen Tagen kommt der Nachbar zum Hoca und will seinen Kessel (zurück). Der Hoca sagt zu ihm „Dein Kessel ist gestorben."

Der Nachbar staunt und schreit: „Wie stirbt (kann) ein Kessel (sterben)?" Der Hoca lacht und sagt folgendes: „Der Kessel hat geboren, das hast du geglaubt. Jetzt ist der Kessel gestorben, warum glaubst du das nicht?"


## Rätsel

Übersetzung:   Es ist eine kleine Schachtel, die ganze Welt ist ihre Heimat.
Lösung:           Radio.


## Gedicht

Ich möchte ein Land
Ich möchte ein Land,
der Himmel soll blau, der Zweig grün, das Feld gelb sein;
es soll das Land der Vögel, der Blumen sein.

## 1. Karikatur

„Was machst du, Hoca?"

„Was soll ich machen, Nachbar? Dein Kessel gebiert ständig. Mein Haus füllte sich mit kleinen Kesseln. Ich gebe deinem Kessel die Antibabypille."

## 2. Karikatur

1. Bild:   Meine Frau ist häßlich. Außerdem mürrisch. Sie macht mich verrückt. / Deine Frau interessiert mich überhaupt nicht.

2. Bild:   Mich auch nicht.

## 3. Karikatur

1. Bild:   Onkel Nuri, würdest du (bitte) die vier Jahreszeiten aufzählen? / Natürlich.

2. Bild:   Kirschen ... Wassermelonen ... Weintrauben ... und Orangen.

# 13 B

## Ü 1

1.   Boş zamanınızda ne yaparsınız? Sinemaya gideriz (giderim).
2.   Martin boş zamanında ne yapar? Seyahat eder.
3.   Erol boş zamanında ne yapar? Bisiklete biner.
4.   Boş zamanında ne yaparsın? Kitap okurum.
5.   Gençler boş zamanlarında ne yapar? Müzik dinlerler.
6.   Boş zamanınızda ne yaparsınız? Operaya gideriz (giderim).
7.   Nuri boş zamanında ne yapar? Ata biner.
8.   Öğrenciler boş zamanlarında ne yapar? Türkçe öğrenirler.

**13**

## Ü 2

1.   Ünal gitar çalar mı? Hayır, çalmaz.
2.   Rakı sever misin? Hayır, sevmen.
3.   Çocuklar bisiklete biner mi? Hayır, binmezler.
4.   Yarın bana uğrar mısınız? Hayır, uğramayız (uğramam).

5.    Nesrin araba kullanır mı? Hayır, kullanmaz.
6.    Türkçe gazete okur musun? Hayır, okumam.
7.    Dietmar saz çalar mı? Hayır, çalmaz.
8.    Türk yemeği sever misiniz? Hayır, sevmeyiz (sevmem).
9.    Gül örgü örer mi? Hayır, örmez.
10.   İrmgard dikiş diker mi? Hayır, dikmez.
11.   Öğrenciler Türkçe bilir mi? Hayır, bilmezler.
12.   Karin Türk kahvesi pişirir mi? Hayır, pişirmez.

## Ü 3

a)    1.    ... ziyaret ederiz.
      2.    ...alır.
      3.    ... yapar.
      4.    ... içer (pişirir).
      5.    ... oynarsınız.
      6.    ... çalar.
      7.    ... okur (alır).
      8.    ... yersin (pişirirsin).

b)    1.    ... ziyaret etmeyiz.
      2.    ... almaz.
      3.    ... yapmaz.
      4.    ... içmez (pişirmez).
      5.    ... oynamazsınız.
      6.    ... çalmaz.
      7.    ... okumaz (almaz).
      8.    ... yemezsin (pişirmezsin).

## Ü 4

1.    (kullanmam), (içiyorum)
2.    (gider), (kalıyor)
3.    (uğrar)
4.    (gidiyorum), (uğrarım)
5.    (alışveriş eder)
6.    (gitmem), (tercih ederim)
7.    (dinler), (televizyon seyrediyor)
8.    (gider(ler))

# Ü 5

1. Lütfen kapıyı kapar mısınız?
2. Lütfen bana bira getirir misin?
3. Lütfen çocuklara (çocuklar için) Türkçe kitabı alır mısınız?
4. Lütfen bakkaldan rakı alır mısın?
5. Lütfen bize karayolları haritası verir misiniz?

# Ü 6

1. ... evde, ... evdedir.
2. ... üniversitededir,
3. ... vardır.
4. ... hasta, ... iyidir.
5. ... yasaktır.
6. ... okulda.
7. ...beş.
8. ... evdedir, ...
9. ... bürodadır.
10. ... avukat.

# Ü 7

1. ... soğuktur.
2. ... sıcaktır.
3. ... kirlidir.
4. ... güzeldir.
5. ...yağmurludur.

# Ü 8

1. Peter neden Türkçe kelimeler ezberliyor? Türkçe gazete okumak için.
2. Neden acele ediyorsunuz? Geç kalmamak için.
3. Gönül Hanım neden bakkala gidiyor? Alışveriş etmek için.
4. Markus neden spor yapıyor? Genç kalmak için.
5. Vural neden rakı içiyor? Neşelenmek için.
6. Feray neden yiyecek ve içecek alıyor? Misafirlere ikram etmek için.
7. Arzu neden rejim yapıyor? Zayıflamak için.
8. Sieglinde neden her gün Türkçe kursuna devam ediyor? Türkçesini ilerletmek için.
9. Günter neden para biriktiriyor? Bir çiftlik almak için.
10. Neden Hans da para biriktiriyor? Harcamak için.

13

## Ü 9

1. Kışın istanbul'un havası yalnız soğuk değil, aynı zamanda yağmurlu olur.
2. İlkbaharda Akdeniz Bölgesi yalnız ılık değil, aynı zamanda güzel olur.
3. Yazın Ege Bölgesi yalnız sıcak değil, aynı zamanda kalabalık olur.
4. İstanbul'un eğlence yerleri yalnız kalabalık değil, aynı zamanda pahalı olur.

## Ü 10

1. Çocuklar dün ne içti? Üçer tane limonata içtiler.
2. Öğrenciler dün ne yazdı? İkişer tane dilekçe yazdılar.
3. Dün ne içtiniz? Dörder tane ayran içtik.
4. Dün ne yediniz? Birer tane döner kebap yedik.
5. Sieglinde ile Markus dün ne yediler? Beşer tane çörek yediler.

# 14 A

## S 1

Kannst du morgen abend zu mir kommen?
Ja, ich kann (kommen), ich habe Zeit.

Kannst du nächste Woche bei mir vorbeischauen?
Leider kann ich nicht (vorbeischauen), ich habe überhaupt keine Zeit.

Kann Hakan morgen für mich ein Türkisch-Wörterbuch kaufen?
Wahrscheinlich kann er (es) nicht (kaufen), er hat morgen viel zu tun.

## S 2

a)   Darf ich das Fenster zumachen?
     Natürlich dürfen Sie (es zumachen).
     Darf man hier rauchen?
     Können Sie nicht lesen? Schauen Sie, was dort steht:
     Rauchen verboten!

b)      Darf man hier parken?

        Nein, hier ist Parken verboten.

c)      Möchtest du einen Rakı?

        Nein, danke, ich darf nicht Alkohol trinken, mein Arzt erlaubt es nicht.

d)      Dürfen wir hier zelten?

        Nein. Hier ist Zelten verboten und gefährlich.

        Wo dürfen wir Camping machen?

        Sie dürfen in Marmaris Camping machen.

## S 3

Kannst du schwimmen?

Ja, ich kann. Und du?

Kannst du Auto fahren?

Nein, ich habe keinen Führerschein.

Kann Herta türkische Gerichte kochen?

Natürlich kann sie. Ihr Mann ist (ein) Türke.

## S 4

Konntest du gestern den Brief schreiben?

Nein, ich konnte nicht (schreiben), Besuch ist gekommen.

Kann Markus Türkisch sprechen?

Er kann noch nicht sehr gut sprechen, aber er besucht einen

Kurs. Er wird bald sehr gut Türkisch sprechen können.

## T/D1

Sieglinde und Markus besichtigen die Ägäische Region. Nun möchten sie die Mittel-meer-Region besichtigen. Heute abend sind sie mit dem Bus nach Marmaris gekommen. Marmaris ist eine nette Ferien-Kleinstadt im Südwesten von Anatolien. Sieglinde und Markus suchen in Marmaris ein Hotel oder eine Pension am Meer.

**14**

**Im Hotel**

(die Personen: der Mann an der Rezeption, Sieglinde, Markus)

R.:    Ja bitte?

M.:    Haben Sie Zimmer frei?

R.:    Haben Sie Zimmer reserviert?

S.:    Nein, wir haben kein Zimmer reserviert.

R.:    Für wieviele Personen und wieviele Nächte soll es sein?

M.:    Für zwei Personen und für zwei Nächte.

R.:    Es sind Einzelzimmer frei, aber wahrscheinlich keine Zweibettzimmer. Aber einen Moment, ich glaube, ich kann Ihnen helfen. Ein Zweibettzimmer (von uns) ist gerade freigeworden, nur für zwei Nächte können Sie dort bleiben.

S.:    Toll! Ist es mit Dusche oder mit Bad?

R.:    Leider nur mit Dusche.

M.:    Das macht nichts.

R.:    Füllen Sie bitte dieses Anmeldeformular aus. Hier ist Ihr Schlüssel.

S.:    Um wieviel Uhr ist das Frühstück?

R.:    Das Frühstück ist von sieben bis halb zehn, aber das Restaurant unseres Hotels ist ständig offen. Dort können Sie jederzeit (jede Stunde) essen.

M.:    Können Sie uns morgen früh um sieben Uhr wecken?

R.:    Selbstverständlich. Wo ist Ihr Gepäck.

S.:    Wir haben nicht viel Gepäck, nur zwei Reisekoffer.

R.:    Brauchen Sie einen Gepäckträger?

M.:    Nein, ich kann die Koffer alleine tragen.


...    Am nächsten Morgen


M.:    Ich möchte mich über etwas beschweren.

R.:    Ja bitte?

M.:    In unserem Zimmer fehlen ein Handtuch und ein(mal) Bettzeug. Können Sie uns ein Handtuch, ein Kopfkissen, Bettlaken und eine dünne Bettdecke schicken?

R.:    Selbstverständlich, zu Befehl.


# T/D 2

Sieglinde und Markus lernen am Badestrand des Hotels in Marmaris ein junges türkische Paar, Faruk und Nesrin, kennen.

**Am Badestrand**

(die Personen: Nesrin, Faruk, Markus, Sieglinde)

F.:     Herr Markus, Sie interessieren sich also für Sport.

M.:     Ja, besonders liebe ich Wasserski.

F.:     Können Sie auch Bergsteigen?

S.:     Natürlich. Markus ist Münchner, er kennt die Alpen wie seine Hosentasche.

N.:     Können Sie auch Wasserski fahren? Wasserski ist schwer.

S.:     Ich interessiere mich nicht so sehr für Sport, Frau Nesrin.

N.:     Was sind Ihre Hobbys?

S.:     Reisen und Literatur.

N.:     Auch ich interessiere mich sehr für Literatur.

F.:     Nesrin kann auch sehr gut kochen. Können Sie türkische Gerichte kochen, Frau Sieglinde?

S.:     Ich kann ein bißchen, aber ich lerne (noch dazu).

F.:     Was ist Ihr Beruf, Herr Markus, was machen Sie beruflich?

M.:     Eigentlich bin ich Ingenieur, aber zur Zeit bin ich arbeitslos. Ich suche eine Arbeit bei deutschen Firmen in Istanbul.

F.:     Dann sind wir also Kollegen. Ich bin auch Ingenieur. Meine Frau hingegen ist Lehrerin.

## 1. Karikatur

Mensch, Hüsnü, du konntest also letzten Endes eine Arbeit finden, was.
(Das Schild an der Wand: Briefmarkenablecker.)

## 2. Karikatur

1. Bild:    Schon wieder eine Verkehrsstrafe? Sie werden dir den Fühererschein wegnehmen. / Sie können (ihn) nicht (wegnehmen).

2. Bild:    Sie haben (ihn) sowieso vor zwei Monaten weggenommen.

14

# 14 B

## Ü 1

a)  1.    Hakan tavla oynayabilir mi? Evet, oynayabilir / Hayır, oynayamaz.
    2.    Gisela dikiş dikebilir mi? Evet, dikebilir / Hayır, dikemez.
    3.    Ruth örgü örebilir mi? Evet, örebilir / Hayır, öremez.
    4.    Dietmar araba tamir edebilir mi? Evet, edebilir / Hayır, edemez.
    5.    Piyano çalabilir misin? Evet, çalabilirim / Hayır, çala-mam.
    6.    Araba kullanabilir misiniz? Evet, kullanabiliriz (kullanabilirim) / Hayır, kulla-
          namayız (kullanamam).
    7.    Öğrenciler ata binebilir mi? Evet, binebilirler / Hayır, binemezler.
    8.    Filiz iyi dans edebilir mi? Evet, edebilir / Hayır edemez.

b)  1.    Hakan tavla oynamasyı biliyor mu? Evet, biliyor / Hayır, bilmiyor.
    2.    Gisela dikiş dikmeyi biliyor mu? Evet, biliyor / Hayır, bilmiyor.
    3.    Ruth örgü örmeyi biliyor mu? Evet, biliyor / Hayır, bilmiyor.
    4.    Dietmar araba tamir etmeyi biliyor mu? Evet, biliyor / Hayır, bilmiyor.
    5.    Piyano çalmayı biliyor musun? Evet, biliyorum / Hayır, bilmiyorum.
    6.    Araba kullanmayı biliyor musunuz? Evet, biliyoruz (biliyorum) / Hayır, bilmi-
          yoruz (bilmiyorum).
    7.    Öğrenciler ata binmeyi biliyor mu? Evet, biliyorlar / Hayır, bilmiyorlar.
    8.    Filiz iyi dans etmeyi biliyor mu? Evet, biliyor / Hayır bilmiyor.

## Ü 2

1.    Bir terzi dikiş dikebilir ama, radyo tamir edemez.
2.    Bir elektrikçi radyo tamir edebilir ama, ekmek yapamaz.
3.    Bir fırıncı ekmek yapabilir ama, kitap yazamaz.
4.    Bir yazar kitap yazabilir ama, balık tutamaz.
5.    Bir balıkçı balık tutabilir ama, şarkı söyleyemez.
6.    Bir şarkıcı şarkı söyleyebilir ama, saç kesemez.
7.    Bir berber saç kesebilir ama, diş çekemez.
8.    Bir dişçi diş çekebilir ama, pasta yapamaz.
9.    Bir pastacı pasta yapabilir ama, resim yapamaz.
10.   Bir ressam resim yapabilir ama ...

# Ü 3

1. Faruk şarkı söyleyemez ama, iyi dans edebilir.
2. Nesrin araba kullanabilir mi? (araba kullanmasını biliyor mu?)
3. Sizi yarın ziyaret edebilir miyim?
4. Dün mektubu postaya götürebildin mi?
5. Markus yakında Türkçe gazeteler okuyabilecek.

# Ü 4

a)  1. Dün kitabı okuyabildiniz mi? Hayır, okuyamadık (okuyamadım). Ancak yarın okuyabileceğiz (okuyabileceğim).
    2. Nesrin dün Türk yemeği pişirebildi mi? Hayır, pişiremedi. Ancak yarın pişirebilecek.
    3. Markus dün su kayağı yapabildi mi? Hayır, yapamadı. Ancak yarın yapabilecek.
    4. Sieglinde dün Türkçe çalışabildi mi? Hayır, çalışamadı. Ancak yarın çalışabilecek.
    5. Dün piyano çalabildin mi? Hayır, çalamadım. Ancak yarın çalabileceğim.
    6. Faruk dün satranç oynayabildi mi? Hayır, oynayamadı. Ancak yarın oynayabilecek.
    7. Öğrenciler dün tenis oynayabildi mi? Hayır, oynayamadılar. Ancak yarın oynayabilecekler.

b)  1. Hans Türkçe öğrendi mi? Evet, nihayet öğrenebildi.
    2. Ayla yemek pişirdi mi? Evet, nihayet pişirebildi.
    3. Doğan mektubu yazdı mı? Evet, nihayet yazabildi.
    4. Tamer kahvaltı etti mi? Evet, nihayet edebildi.
    5. Rakı içtiniz mi? Evet, nihayet içebildik (içebildim).

c)  1. Az yemek yiyin, yoksa kilo veremezsiniz.
    2. Türkçe öğren, yoksa Türkiye'de iş bulamazsın.
    3. Erken yat, yoksa erken kalkamazsın.
    4. Türkçe gazete okuyun, yoksa Türkçe öğrenemezsiniz.

**14**

# Ü 5

1. iki haftalık bir seyahat
2. iki kişilik bir oda
3. yirmi öğrencilik bir kurs
4. üç günlük bir ziyaret

5.    15.000 Euroluk bir araba (otomobil)
6.    üç haftalık bir tatil (izin)
7.    dört gecelik bir oda

## Ü 6

çocukluk: Kindheit
şarkıcı: Sänger
şarkıcılık: Sängerberuf
gençlik: Jugend
kapıcı: Pförtner
kapıcılık: Pförtnerberuf
gazeteci: Zeitungsverkäufer, Journalist
gazetecilik: Journalismus, Publizistik
gözlük: Brille
gözlükçü: Optiker
gözlükçülük: Optikerberuf
gözcü: Aufseher
gözcülük: Beruf eines Aufsehers
annelik: Mutterschaft
sigaralık: Zigarettenetui
sigaracı: Zigarettenhersteller oder -Verkäufer
yolcu: Reisende
yolculuk: Reise
yolluk: Reiseproviant
sözlük: Wörterbuch
sözlükçü: Wörterbuchautor, -hersteller, oder -Verkäufer
sözcü: Wortführer
sözcülük: Beruf eines Wortführers
ağaçlık: Baumhain
oduncu: Holzfäller, oder -Verkäufer
odunculuk: Beruf eines Holzfällers
odunluk: Holzschuppen.

## Ü 7

a.    Dişçisiniz. / Dişçilik yapıyorsunuz.
b.    Nuri pastacı. / Pastacılık yapıyor.
c.    Elektrikçiyiz. / Elektrikçilik yapıyoruz.
d.    Mehmet kapıcı. / Kapıcılık yapıyor.

e.   Doğan gazeteci. / Gazetecilik yapıyor.
f.   Ayakkabıcıyız. / Ayakkabıcılık yapıyoruz.
g.   Fırıncısınız. / Fırıncılık yapıyorsunuz.

## Ü 8

1.   Marmaris Anadolu'nun güneybatısında şirin bir tatil kasabası.
2.   Evet, Sieglinde ile Markus otelde oda bulabiliyorlar.
3.   Hayır, Sieglinde ile Markus'un fazla bagajı yok.
4.   Markus şikâyette bulunmak istiyor, çünkü odada bir havlu ve bir yatak takımı eksik.
5.   Nesrin edebiyatla ilgileniyor.
6.   ?
7.   Sieglinde biraz Türk yemekleri pişirmesini biliyor ama, öğreniyor.
8.   ?

# 15 A

## S 1

a)   Was machst du heute abend?

Heute abend muß ich lernen. Morgen habe ich Türkischprüfung. Und was machst du heute abend?

Ich muß früh zu Bett gehen. Morgen früh fährt mein Zug um halb sieben ab. Ich muß den Zug erreichen, sonst komme ich zu spät zur Arbeit, und mein Chef wird böse.

b)   Muß Nesrin abnehmen?

Nein, Nesrin muß nicht abnehmen. Nesrin ist nicht dick, sie braucht nicht abzunehmen.

c)   Gestern gab's zu Hause gar nichts zum Essen. Ich mußte einkaufen. Was hast du gestern gemacht?

15

Ich war gestern sehr krank. Ich mußte den ganzen Tag (im Bett) liegen.

d)  Bald werde ich Türkisch lernen müssen.

Warum werden Sie Türkisch lernen müssen?

Weil ich in der Schule türkische Schüler haben werde.

## S 2

a)  Ich habe viele Schulden, aber gar kein Geld. Ich weiß nicht, wie ich meine Schulden zurückzahlen werde.

Du mußt deine Schulden zurückzahlen.

Ja, aber wie?

b)  Du darfst nicht rauchen.

Ja, du hast recht. Ich huste sehr viel. Ich darf nicht mehr rauchen.

## S 3

a)  Ich möchte in der Türkei eine Arbeitserlaubnis bekommen.
Um in der Türkei eine Arbeitserlaubnis zu bekommen, mußt du in der Türkei eine Arbeit haben.
Wir möchten auf der Burgaz-Insel eine Wohnung mieten.
Um auf der Burgaz-Insel zu wohnen, müßt ihr viel Geld haben.

b)  Warum kommt Metin seit Tagen nicht ins Büro?
Ich weiß nicht. Er muß wohl krank sein.
Warum kommt Ali heute nicht zur Versammlung?
Ich weiß nicht, er muß wohl müde sein.

## S 4

a)  - Was trinkst du?
- Ich nehme mal einen Ayran. Und du?
- Und ich nehme mal einen Tee.

b)      - Soll ich für die Gäste Kuchen backen?
        - Du mußt keinen Kuchen backen. Wir können den Gästen auch Börek anbieten.
        - Oder sag Hakan, er soll vom Bäcker Sesamkringel holen.


c)      - Wollen wir ins Kino oder ins Theater gehen?
        - Wir sollen weder ins Kino noch ins Theater gehen.
        - Laßt uns am besten zum Konzert gehen.


# T 1

## Das neue Leben in Istanbul

Sieglinde fängt im Wintersemester an, an der Universität Istanbul Turkologie zu studie-
ren. Und Markus versucht, in Istanbul eine Arbeit zu finden und besser Türkisch zu spre-
chen. Sieglinde und Markus leben gerne in der Türkei und planen, vorläufig noch einige
Jahre in der Türkei zu bleiben. Markus treibt weiterhin Sport, Sieglinde liest weiterhin tür-
kische Bücher. Türkische Sprache und Literatur ist am Anfang ziemlich schwer, aber Sie-
glinde hat keine Angst davor, Turkologie zu studieren.


# T 2

## Wir müssen das Schiff erreichen

Am Sonntag möchten Feray, Vural und ihre Freunde ein Picknick machen. Zuerst ist das
Wetter schön, die Sonne scheint, die Vögel singen. Feray, Vural und ihre Freunde
beschließen, auf die Prinzeninseln zu fahren. Sie packen in ihre Picknickkörbe Brot,
Schafskäse, Tomaten, Gurken, gekochte Eier, Honig- und Wassermelonen ein. Natürlich
nehmen sie auch ihr Badezeug mit. In Sirkeci steigen sie in das Schiff ein, auf der Bur-
gaz-Insel steigen sie aus. Mit der Kutsche fahren sie nach Kalpazankaya und singen
unterwegs (Lieder). In Kalpazankaya ziehen sie ihre Badeanzüge an und sonnen sich.
Aber plötzlich bewölkt sich der Himmel, und ein starker Wind beginnt zu wehen. Feray
sagt: „O weh, das Wetter schlägt um." Feray, Vural und ihre Freunde ziehen sich sofort
an und räumen ihre Sachen auf. In diesem Augenblick beginnt es zu regnen. Vural sagt:
„In zehn Minuten gibt es (fährt) ein Schiff. Um in die Stadt zurückzufahren, müssen wir
das Schiff erreichen. Wir dürfen das Schiff nicht verpassen!" Sie können keine Kutsche
finden und beginnen, in Richtung auf den Anlegeplatz zu laufen. Es gießt in Strömen.
Außer Atem kommen sie zum Anlegeplatz, aber der Hafenangestellte sagt: „Das Schiff
ist vor einer Minute abgefahren." Dann gehen Feray, Vural und ihre Freunde in ein
Fischercafé am Strand zum Teetrinken, und zitternd warten sie auf das nächste Schiff.  **15**

## T 3

### Wetterbericht

Hier ist TRT, die türkische Rundfunk- und Fernsehanstalt. Verehrte HörerInnen, nun geben wir für das Marmara-Gebiet den morgigen Wetterbericht: Morgen früh wird das Wetter sonnig mit 20 Grad sein, aber gegen Mittag wird ein Wind aus Nordwesten zu wehen beginnen. Am Nachmittag wird das Wetter bewölkt sein, und die Temperatur wird allmählich sinken, und die Nacht wird im Marmara-Gebiet im allgemeinen regnerisch sein. In Bursa, Balıkesir und Bozcaada wird es regnen, in Istanbul und Izmit wird die Nacht trocken, aber windig sein.

## T 4

### Trotz des schlechten Wetters

Während des Picknicks begann es zu regnen. Wegen des schlechten Wetters konnten Feray, Vural und ihre Freunde kein Picknick machen. Sie wollten in die Stadt zurückfahren, aber sie verpaßten das Schiff. Deshalb mußten sie in einem Café auf der Insel auf das nächste Schiff warten. Statt Tomaten und Gurken aßen sie im Café Kuchen und frische Sesamkringel. Trotz des schlechten Wetters verbrachten sie eine schöne Zeit.

## T 5

### Das Wort des Esels

Eines Tages kommt ein Nachbar zum Hoca und möchte sich dessen Esel ausleihen. Der Hoca möchte seinen Esel nicht dem Nachbarn leihen und lügt:
„Ich habe meinen Esel zum Wochenmarkt geschickt." Gerade in diesem Augenblick beginnt der Esel im Stall zu schreien. Darauf sagt der Nachbar zum Hoca folgendes:
„Schande über dich, Herr Hoca, schämst du dich nicht, trotz deines grauen Bartes zu lügen?" Und der Hoca antwortet so:
„Eigentlich Schande über dich, mein Nachbar. Trotz meines grauen Bartes glaubst du nicht mir, sondern dem Wort des Esels."

# Gedichte

### 1. Schönes Wetter

Solches schönes Wetter hat mich verdorben,
bei einem solchen Wetter trat ich zurück
von meinem Amt bei der Verwaltung der Frommen Stiftungen.
An den Tabak gewöhnte ich mich bei solchem Wetter,
bei solchem Wetter verliebte ich mich;
nach Hause Brot und Salz zu bringen,
vergaß ich bei solchem Wetter;
meine Gedichte-Schreiben-Krankheit
hatte immer bei solchem Wetter einen Rückfall;
mich hat solches schönes Wetter verdorben.

### 2. Wie Kerem

Die Luft ist schwer wie Blei
Schrei
      schrei
          schrei
              ich schreie.
Rennt,
      zum Blei schmelzen
          rufe ich.
...

### 1. Karikatur

Der Dollar steigt, Preiserhöhungen sind auf der Lauer.
(In der Sprechblase:) Hör auf, die verfaulten auszulesen, Naciye. Es ist keine Zeit. Jeden Augenblick kann die Preiserhöhung kommen.

### 2. Karikatur

Und das Wetter ist etwas seltsam geworden.
(In der Sprechblase:) Hiii? Wie siehst du denn aus, Schatz?

**15**

## 3. Karikatur

1. Sprechblase:     Ich muß meine Hausaufgabe schreiben.
2. Sprechblase:     Und ich muß diese CD Rom anschauen.
3. Sprechblase:     In Ordnung. Wartet, bis ich dieses Dokument gespeichert habe.
4. Sprechblase:     Jetzt streiten sie nicht mehr um Fernsehprogramme.

## 4. Karikatur

Schauen wir mal wie das Wetter draußen ist.

## 5. Karikatur

Schauen wir mal, was es im zweiten Kanal gibt.

## 6. Karikatur

Rate mal, was ich für heute abend gekocht habe!

# 15 B

## Ü 1

a)    1.     Yarın doktora gitmen gerek.
      2.     Gül'ün hafta sonu için alışveriş etmesi gerek.
      3.     Öğrencilerin Türkçe kelimeler öğrenmesi gerek.
      4.     Sieglinde'nin Feray'a hediye götürmesi gerek.
      5.     Zayıflamanız gerek.
      6.     Şefin bürosuna gitmem gerek.
      7.     Nesrin'e telefon etmemiz gerek.
      8.     Peter'in yarın Türkiye'ye gitmesi gerek.

b)    1.     Yarın doktora gitmeye mecbursun / Yarın doktora gitmek zorundasın.
      2.     Gül hafta sonu için alışveriş etmeye mecbur / Gül hafta sonu için alışveriş
             etmek zorunda.

3.  Öğrenciler Türkçe kelimeler öğrenmeye mecbur / Öğrenciler Türkçe kelimeler öğrenmek zorunda.
4.  Sieglinde Feray'a hediye götürmeye mecbur / Sieglinde Feray'a hediye götürmek zorunda.
5.  Zayıflamaya mecbursunuz. / Zayıflamak zorundasınız.
6.  Şefin bürosuna gitmeye mecburum / Şefin bürosuna gitmek zorundayım
7.  Nesrin'e telefon etmeye mecburuz. / Nesrin'e telefon etmek zorundayız.
8.  Peter yarın Türkiye'ye gitmeye mecbur / Peter yarın Türkiye'ye gitmek zorunda.

## Ü 2

a.  Peter'in pasaportunu bulması gerekti. / Peter'in pasaportunu bulması gerekecek.
b.  Her sabah erken kalkmaya mecburduk. / Her sabah erken kalkmaya mecbur olacağız.
c.  Vapura yetişmemiz gerekti. / Vapura yetişmemiz gerekecek.
d.  Markus Türkiye'de oturma izni almak zorundaydı. / Markus Türkiye'de oturma izni almak zorunda olacak.
e.  Sinan'ın Kars'taki akrabalarını ziyaret etmesi gerekti. / Sinan'ın Kars'taki akrabalarını ziyaret etmesi gerekecek.
f.  Sınavlar için ders çalışmaya mecburdum. / Sınavlar için ders çalışmaya mecbur olacağım.

## Ü 3

1.  Çok içki içmemeniz lazım / Evet, çok içki içmemeliyim.
2.  Geç yatmamanız lazım / Evet, geç yatmamalıyız.
3.  Çocuklara kızmaman lazım / Evet, çocuklara kızmamalıyım.
4.  Fazla kilo almamanız lazım / Evet, fazla kilo almamalıyım.
5.  Vapuru kaçırmaman lazım / Evet, vapuru kaçırmamalıyım.

## Ü 4

1.  Türkiye'de çalışmak için Markus'un çalışma izni olmalı.
2.  Türkiye'de oturmak için Sieglinde'nin oturma izni olmalı.
3.  Vapurla Adalar'a gitmek için vapur biletimiz olmalı.
4.  Adalar'da ev tutmak için çok paranız olmalı.
5.  Türkiye'ye gitmek için Peter'in pasaportu olmalı.

15

## Ü 5   (z. B.)

1. Hans'ın zayıflamak için perhiz yapması gerek.
2. Özcan'ın iyileşmek için iyice dinlenmesi gerek.
3. (Senin) ıslanmamak için şemsiye alman gerek.
4. Sieglinde'nin Türkoloji okumak için iyi Türkçe bilmesi gerek.
5. (Benim) trene yetişmek için erken kalkmam gerek.
6. Öğrencilerin izne gitmek için para biriktirmesi gerek.
7. Gül'ün vapuru kaçırmamak için hızlı koşması gerek.

## Ü 6

1. Şimdi televizyon seyredelim. / Hayır, önce Türkçe çalışmalısınız.
2. Çocuklar şimdi top oynasın. / Haır, önce kitap okumalılar.
3. Ben şimdi sinemaya gideyim. / Hayır, önce hasta arkadaşı ziyaret etmelisin.
4. Biz şimdi yeni araba alalım. / Hayır, önce borçlarınızı ödemelisiniz.
5. Ben şimdi lahmacun yiyeyim. / Hayır, artık rejim yapmalısın.

## Ü 7

1. Konuklar için kahve pişireyim mi?
   Hayır, konuklar için kahve pişirme, çay pişir.
2. Gençler sinemaya gitsin(ler) mi?
   Hayır, sinemaya gitmesinler, partiye gitsinler.
3. Simit yiyelim mi?
   Hayır, simit yemiyelim, börek yiyelim.
4. Metin Bey büroda çalışsın mı?
   Hayır, büroda çalışmasın, evde çalışsın.
5. Misafirler ayran içsin(ler) mi?
   Hayır, ayran içmesinler, limonata içsinler.
6. Alişverişe gideyim mi?
   Hayır, alişverişe gitme, doktora git.

## Ü 8

1. ... devam ediyor.
2. ... başlıyor.
3. ... düşünüyor.

# Ü 9

1. Ruth Türkler'le sohbet etmeyi seviyor.
2. Faruk yeni bir iş bulmaya çalışıyor.
3. Peter Türkçe öğrenmeye devam ediyor.
4. Mehmet Almanya'da çalışmaktan bıktı.
5. Mehmet Türkiye'ye dönmeyi düşünüyor.
6. Sieglinde istanbul'da oturmayı tercih ediyor.
7. Doktor Nevzat'a içki içmeyi yasak ediyor.
8. Ünal hasta olmaktan korkmuyor.

# Ü 10

**İstanbul:**
güneşli, yirmi derece ama, öğleden
sonra bulutlu ve biraz yağmurlu

**Ankara:**
kuru ama, soğuk, dokuz derece

**İzmir:**
önce biraz yağmurlu, sonra güneşli ve sıcak, yirmi üç derece

**Balıkesir:**
önce bulutlu, öğleden sonra şiddetli rüzgârlı, on beş derece

**Erzurum:**
karlı, eksi bir derece

**Antalya:**
güneşli, sıcak ve kuru, yirmi beş derece

# Ü 11

1. yerine / 2. sırasında / 3. -dan dolayı (ötürü) 4. -ya rağmen (karşın) / 5. yüzünden
(-ten dolayı) / 6. sırasında / 7. yerine

**15**

## Ü 12

1. buna rağmen
2. bu yüzden (bundan dolayı)
3. bunun yerine
4. buna rağmen
5. bu yüzden (bundan dolayı)
6. bu yüzden (bundan dolayı)

## Ü 13

1. Mehmet'in her sabah erken kalkması gerek (M. her sabah erken kalkmaya mecbur / M. her sabah erken kalkmak zorunda).
2. Şimdi Nesrin'e telefon etmeme gerek var mı? (telefon etmem gerek mi / telefon etmeye mecbur muyum / telefon etmek zorunda mıyım / telefon etmeye ihtiyacım var mı)?
3. Ona telefon etmeye ihtiyacın yok, yarın zaten bize uğrayacak.
4. Markus'un daha iyi Türkçe konuşması gerekecek (Markus daha iyi Türkçe konuşmaya mecbur olacak / Markus daha iyi Türkçe konuşmak zorunda olacak).
5. Şimdi yatıyorum. / Hayır, önce sınav için ders çalışman gerek.
6. Türkiye'de çalışmak için Markus'un çalışma izni olmalı.
7. Ünal bugün üniversiteye gelmedi. Her halde hasta olmalı.
8. Nesrin sinemaya gitmeyi seviyor, Faruk tiyatroya gitmeyi tercih ediyor.
9. Faruk gelecek hafta Adana'da çalışmaya başlıyor.

# Wörterverzeichnis

## Hinweis zur Benutzung des Wörterverzeichnisses:

Die Zahlen links vom Komma geben die jeweilige Lektion an; das Zeichen W rechts vom Komma bedeutet die "Wörterkiste" der betreffenden Lektion und die Zahl neben W den entsprechenden Teil in der Wörterkiste.
Zum Beispiel:
cep telefonu     6, W 3a  bedeutet, daß das entsprechende Wort in der Wörterkiste der 6. Lektion unter W 3a (Aufbauwortschatz) zu finden ist!

| | |
|---|---|
| abla | 9, W 1 |
| acaba | 9, W 1 |
| acele | B W 4 |
| acele etmek | 13, W 1 |
| acelem var | 9, W 4 |
| acelesi yok | 9, W 4 |
| acı | 7, W 1; 11, W 3; 13, W 1 |
| acıkmak | 10, W 4 |
| acıktım | 10, W 4 |
| acımak | 11, W 1 |
| aç | 2, W 1 |
| aç karnına | 11, W 1 |
| açık | 5, W 1; 9, W 3d; 5, W 1 |
| açmak | 9, W 1 |
| ad | 9, W 1 |
| ada | 11, W 1 |
| Adalar | 15, W 1 |
| adam | 2, W 1 |
| Adana kebabı | 12, W 1 |
| adıl | 1, W 2 |
| adım ... | 2, W 1 |
| adın(ız) ne? | 2, W 1 |
| adında | 10, W 1 |
| adres | 6, W 1 |
| afiyet olsun | 7, W 4 |
| affedersin(iz) | 3, W 3 |
| ağabey | 9, W 1 |
| ağaç | 6, W 1 |
| ağaçlık | 14, W 1 |
| ağır | 5, W 1 |
| ağız | 9, W 1 |
| ağlamak | 4, W 1 |
| ağrı | 11, W 1 |
| ağrımak | 11, W 1 |
| ağustos | 8, W 3d |
| ahır | 15, W 1 |
| ahize | 6, W 3 |
| aile | 9, W 1 |
| ait | 9, W 1 |
| ak | 9, W 3 |

| | | | |
|---|---|---|---|
| arabesk | 13, W 1 | Avusturya | 4, W 1 |
| aralık | 8, W 3 | Avusturyaca | 4, W 1 |
| aramak | 6, W 1 | Avusturyalı | 4, W 1 |
| Arap | 2, W 1 | ay | 5, W 1 |
| Arapça | 4, W 1 | ay | 15, W 3 |
| arası | 7, W 1 | ay ışığı | 15, W 3 |
| arıza | 12, W 3 | ay tutulması | 15, W 3 |
| arkadaş | 2, W 1 | ayak | 11, W 3a |
| arkeoloji | 12, W 1 | ayak parmağı | 11, W 3a |
| Arkeoloji Müzesi | 12, W 1 | ayakkabı | 7, W 3 |
| armut | 5, W 3b | aydınlık | 12, W 1 |
| arsa | 9, W 1 | ayıp | 15, W 1 |
| artı | 13, W 1 | ayırmak | 15, W 1 |
| artık | 10, W 1 | ayırtmak | 14, W 1 |
| artmak | 15, W 1 | aylık | 14, W 1 |
| asal saylar | 3, W 2 | ayna | 6, W 1 |
| asansör | 13, W 1 | aynı | 7, W 1 |
| asfalt | 9, W 1 | aynı zamanda | 13, W 1 |
| asıl | 15, W 1 | aynısı | 14, W 1 |
| asistan | 4, W 1 | ayran | 7, W 1 |
| askerlik | 11, W 1 | ayrıca | 9, W 1 |
| askerlik hizmeti | 11, W 1 | az | 4, W 1 |
| asla | 10, W 1 | az çok | 4, W 1 |
| aslında | 14, W 1 | | |
| Asya | 4, W 3 | baba | 3, W 1 |
| Asyalı | 4, W 3 | babaanne | 9, W 3 |
| aşağı | 12, W 1 | babalık | 14, W 1 |
| aşağı inmek | 12, W 1 | bacak | 11, W 1 |
| aşağı yukarı | 9, W 1 | bacanak | 9, W 3 |
| aşağıdaki | 10, W 1 | badem | 13, W 1 |
| aşık olmak | 15, W 1 | bagaj | 14, W 1 |
| aşın | 7, W 1 | bağırmak | 13, W 1 |
| at | 13, W 1 | bahar | 8, W 1 |
| ata binmek | 13, W 1 | bahçe | 3, W 1 |
| ateş | 9, W 1; 12, W 1 | bakalım | 15, W 4 |
| ateş yakmak | 14, W 1 | bakanlık | 11, W 1 |
| atmak | 6, W 1; 7, W 1 | bakır | 10, W 1 |
| Avrupa | 4, W 3 | bakır eşyalar | 10, W 1 |
| Avrupalı | 4, W 3 | bakkal | 5, W 1 |
| avukat | 2, W 1 | baklava | 12, W 1 |
| Avustralya | 4, W 3 | bakmak | 6, W 1 |
| Avustralyalı | 4, W 3 | bal | 5, W 3b |

| | | | |
|---|---|---|---|
| bile | 10, W 1; 12, W 1 | bizim | 9, W 1 |
| bilet | 8, W 1 | bluz | 7, W 1 |
| biletçi | 8, W 1 | Boğaz | 9, W 1 |
| bilgi | 11, W 1 | boğaz | 11, W 1 |
| bilgisayar | 9, W 1 | Boğaziçi | 11, W 1 |
| bilhassa | 6, W 1 | boğucu | 15, W 3 |
| bilmece | 9, W 1 | bol şanslar | 1, W 4 |
| bilmek | 4, W 1 | borç | 15, W 1 |
| bin | 3, W 1 | borç vermek | 7, W 1 |
| bina | 12, W 3a | Bornova | 4, W 1 |
| binmek | 8, W 1 | bornoz | 7, W 3 |
| bir | 1, W 1 | boş | 5, W 1; 9, W 1 |
| bir dakika | 5, W 1 | boş musunuz? | 12, W 1 |
| bir de | 11, W 1 | boş ver | 6, W 4a |
| bir gün | 15, W 1 | boş zaman | 13, W 1 |
| bir kere daha | 2, W 1 | boşalmak | 9, W 1 |
| bir süre sonra | 13, W 1 | boy | 7, W 1 |
| bir süredir | 8, W 1 | boyun | 11, W 3 |
| bir şey | 5, W 1 | boyunca | 15, W 1 |
| bir şey değil | 3, W 3 | Bozcaada | 15, W 1 |
| bira | 5, W 1 | bozdurmak | 6, W 1 |
| birahane | 10, W 1 | bozmak | 6, W 1; 7, W 1; 15, W 1 |
| biraz | 4, W 1 | bozuk | 6, W 1 |
| birazdan | 5, W 1 | bozuk para | 11, W 1 |
| birbirine uymak | 13, W 1 | bozulmak | 12, W 1 |
| birçok | 7, W 1 | böbrek | 11, W 3a |
| birdenbire | 15, W 1 | bölge | 11, W 1 |
| biri | 14, W 1 | bölme | 13, W 1 |
| biricik | 10, W 1 | bölmek | 13, W 1 |
| biriktirmek | 13, W 1 | bölü | 13, W 1 |
| birisi | 14, W 1 | bölüm | 11, W 1 |
| birkaç | 12, W 1 | börek | 15, W 1 |
| birlikte | 9, W 1 | böyle | 13, W 1; C. 7.2. |
| bisiklet | 1, W 1 | böylece | 13, W 1 |
| bisiklete binmek | 13, W 1 | bu | 1, W 1 |
| bitirmek | 10, W 4; 11, W 1 | bu akşam | 6, W 1 |
| bitişkenlik | 1, W 2 | bu ara | 14, W 1 |
| bitmek | 8, W 1 | bu sefer | 7, W 1 |
| bitti | 10, W 4 | bu sırada | 15, W 1 |
| biz | 2, W 1 | bu yüzden | 13, W 1 |
| bize | 6, W 1 | buçuk | 5, W 1; 8, W 1 |
| bizi | 7, W 1 | | |

| | | | |
|---|---|---|---|
| bugün | 3, W 1 | cadde | 10, W 1 |
| bugünkü | 8, W 1 | cami | 10, W 1 |
| buji | 12, W 3b | can | 11, W 1 |
| bulmak | 7, W 1 | candan | 10, W 1 |
| bulunmak | 10, W 1 | canı istemek | 11, W 1 |
| buluşmak | 10, W 1 | canı sıkılmak | 11, W 1 |
| bulut | 15, W 3 | canım | 12, W 1 |
| bulutlanmak | 15, W 1 | canlı | 13, W 1 |
| bulutlu | 15, W 1 | ceket | 1, W 1 |
| bulutsuz | 15, W 3 | cep telefonu | 6, W 3a |
| buna | 13, W 1 | cereyan | 7, W 1 |
| buna göre | 15, W 1 | cerrah | 11, W 3b |
| buna rağmen | 15, W 1 | cetvel | 3, W 1 |
| bunaltıcı | 15, W 3 | cevap | 6, W 1 |
| bundan dolayı | 15, W 1 | cevap vermek | 6, W 1 |
| bunlar | 1, W 1 | cevaplandırmak | 8, W 1 |
| bunları | 7, W 1 | coğrafi | 11, W 1 |
| bunu | 7, W 1 | coğrafi bölge | 11, W 1 |
| bunun için | 9, W 1 | conta | 12, W 3b |
| bunun üzerine | 15, W 1 | cuma | 8, W 3 |
| bunun yerine | 15, W 1 | cumartesi | 8, W 1; W 3 |
| burada | 3, W 1 | cumhuriyet | 8, W 1 |
| buradaki | 10, W 1 | Cumhuriyet Bayramı | 8, W 1 |
| buradan | 5, W 1 | cümle | 1, W 2; 5, W 1 |
| burası | 11, W 1 | cümle yapısı | 1, W 2 |
| burası boş mu? | 12, W 1 | çabuk | 4, W 1 |
| buraya | 6, W 1 | çabuk olmak | 8, W 1 |
| burayı | 7, W 1 | çadır | 14, W 1 |
| Burgazada | 11, W 1 | çadır kurmak | 14, W 1 |
| burun | 9, W 1 | çağırmak | 9, W 1; 12, W 1 |
| buyurun | 3, W 3 | çakmak | 1, W 1 |
| buz | 11, W 1 | çalar saat | 8, W 3b |
| buz dolabı | 11, W 1 | çalışkan | 2, W 1 |
| büfe | 12, W 1 | Çalışma Bakanlığı | 11, W 1 |
| büro | 3, W 1 | çalışma izni | 15, W 1 |
| bütün | 10, W 1 | çalışma odası | 13, W 1 |
| büyük | 5, W 1 | çalışmak | 4, W 1; 14, W 1; 15, W 1 |
| büyük ses (ünlü) uyumu | 1, W 2 | çalmak | 4, W 1 |
| büyükanne | 9, W 3 | çam | 13, W 1 |
| büyükbaba | 9, W 3 | çamaşır | 7, W 3 |
| | | çamaşır makinesi | 11, W 1 |

| | | | | |
|---|---|---|---|---|
| çamaşırhane | 11, W 1 | | çocuk | 2, W 1 |
| çamurluk | 12, W 1 | | çocuk kitabı | 11, W 1 |
| Çanakkale Boğazı | 11, W 1 | | çocuk odası | 13, W 1 |
| çanta | 1, W 1 | | çocukluk | 14, W 1 |
| çarpı | 13, W 1 | | çoğu zaman | 14, W 1 |
| çarpışmak | 12, W 1 | | çoğul | 1, W 2 |
| çarpma | 13, W 1 | | çoğunlukla | 6, W 1 |
| çarpmak | 13, W 1 | | çok | 4, W 1 |
| çarşaf | 14, W 1 | | çok selamlar | 10, W 1 |
| çarşamba | 8, W 1d | | çok sık | 13, W 1 |
| çarşı | 10, W 1 | | çok şükür | 9, W 1 |
| çatal | 5, W 3c | | çok teşekkür ederim | 1, W 3 |
| çatal bıçak kaşık | 5, W 3c | | çok teşekkürler | 1, W 3 |
| çay | 4, W 1 | | çok yaşa | 6, W 4 |
| çek | 6, W 1 | | çoktan | 10, W 1 |
| çekmek | 6, W 1; 10, W 1; 14, W 1 | | çoktandır | 8, W 1 |
| çene | 11, W 3a | | çorap | 7, W 3 |
| çeşitli | 13, W 1 | | çorba | 4, W 1 |
| çevirmek | 9, W 1 | | çöp | 7, W 1 |
| çevre | 14, W 1 | | çörek | 12, W 1 |
| çevrelemek | 11, W 1 | | çünkü | 6, W 1 |
| çeyrek | 8, W 1 | | çürük | 15, W 1 |
| çıkarma | 13, W 1 | | | |
| çıkarmak | 13, W 1 | | dağ | 10, W 1 |
| çıkış | 12, W 3a | | dağa çıkmak | 14, W 1 |
| çıkmak | 13, W 1; 10, W 1 | | daha | 7, W 1; 10, W 1; 13, W 1 |
| çiçek | 13, W 1 | | dahi | 2, W 1; 10, W 1 |
| çift | 14, W 1 | | dahiliyeci | 11, W 3b |
| çift sayı | 14, W 1 | | daima | 8, W 1 |
| çifter çifter | 14, W 1 | | daire | 9, W 1 |
| çiy | 15, W 3 | | dakika | 8, W 1 |
| çiğnemek | 7, W 1 | | dal | 13, W 1 |
| çiklet | 7, W 1 | | damar | 11, W 3a |
| çikolata | 5, W 3a | | damla | 11, W 1 |
| çini | 11, W 1 | | danışma | 12, W 3a |
| çirkin | 5, W 1 | | danışma bürosu | 12, W 3a |
| çizgi | 7, W 1 | | danışman | 11, W 1 |
| çizgili | 7, W 1 | | dans | 4, W 1 |
| çizme | 7, W 3 | | dans etmek | 4, W 1 |
| çoban | 12, W 1 | | dar | 7, W 1 |
| çoban salatası | 12, W 1 | | darısı başına, darısı | |

| | | | |
|---|---|---|---|
| başınıza | 9, W 4 | diğer | 8, W 1 |
| davet | 9, W 1 | diğer günler | 14, W 1 |
| davet etmek | 9, W 1 | dikiş | 13, W 1 |
| dayı | 9, W 1 | dikiş dikmek | 13, W 1 |
| de (da) | 2, W 1 | dikmek | 13, W 1 |
| -de hali | 3, W 2 | dikkat | 14, W 1 |
| debreyaj | 12, W 3b | dikkat etmek | 11, W 1 |
| dede | 9, W 1 | dil | 4, W 1; 11, W 3a |
| defa | 8, W 1 | dil kursu | 11, W 1 |
| defter | 1, W 1 | dil kursu diploması | 11, W 1 |
| değil | 1, W 1 | dilbilgisi | 11, W 1 |
| değil mi? | 2, W 1 | dilekçe | 10, W 1; 11, W 1 |
| değişken | 15, W 3 | dilemek | 13, W 4 |
| değişmez | 15, W 3 | dinlemek | 4, W 1 |
| değiştirmek | 14, W 1 | dinlenmek | 15, W 1 |
| dek | 8, W 1 | dinleyici | 15, W 1 |
| dekanlık | 11, W 1 | diploma | 10, W 1 |
| deli | 2, W 1 | dirsek | 11, W 3a |
| delilik | 14, W 1 | diskotek | 13, W 1 |
| demek | 4, W 1; 10, W 1 | diş | 11, W 1 |
| demli | 8, W 1 | diş fırçası | 11, W 1 |
| -den hali | 5, W 2 | dişçi | 14, W 1 |
| deniz | 9, W 1 | dişeti | 11, W 3a |
| deniz kenarında | 9, W 1 | diyar | 13, W 1 |
| deniz manzarası | 13, W 1 | diz | 11, W 1 |
| denize girmek | 13, W 1 | diz kapağı | 11, W 3a |
| depozito | 9, W 3c | dizi film | 13, W 1 |
| deprem | 15, W 3 | doğa | 13, W 1 |
| derece | 11, W 1; 15, W 1 | doğmak | 10, W 1; 15, W 3 |
| dergi | 1, W 1 | doğru | 5, W 1; 8, W 1; 12, W 1; |
| derhal | 11, W 1 | | 15, W 1 |
| deri | 11, W 1 | doğrudan doğruya | 12, W 1 |
| deri ceket | 11, W 1 | doğu | 11, W 1 |
| ders | 3, W 1; 8, W 1 | Doğu Anadolu | 11, W 1 |
| ders çalışmak | 15, W 1; 15, W 1 | doğum günü | 11, W 1 |
| devam etmek | 11, W 1 | doğum günün(üz) | |
| devamınca | 15, W 1 | kutlu olsun | 9, W 4b |
| devamlı | 14, W 1 | doğum kontrol hapı | 13, W 1 |
| dışarı | 12, W 1 | doğurmak | 13, W 1 |
| dışarı çıkmak | 12, W 1 | doktor | 2, W 1 |
| dışar(ı)da | 12, W 1 | dokunmak | 12, W 1 |
| -di'li geçmiş zaman | 10, W 2 | dolap | 1, W 1 |

| | | | |
|---|---|---|---|
| dolar | 15, W 1 | edat | 1, W 2 |
| dolayı | 15, W 1 | edebiyat | 11, W 1 |
| dolayısıyla | 15, W 1 | Edebiyat Fakültesi | 11, W 1 |
| doldurmak | 6, W 1 | eder | 8, W 1 |
| dolmak | 13, W 1 | efendi | 7, W 1 |
| dolmakalem | 12, W 1 | efendim | 2, W 1 |
| dolmuş | 12, W 1 | efendim? | 2, W 1; 3, W 4 |
| dolu | 5, W 1; 15, W 3 | Efes | 12, W 1 |
| domates | 3, W 1 | eflatun | 9, W 1 |
| don | 15, W 3 | Ege | 11, W 1 |
| dondurma | 4, W 1 | Ege Bölgesi | 11, W 1 |
| donmak | 15, W 3 | Ege Denizi | 11, W 1 |
| dosdoğru | 12, W 1 | eğlence | 6, W 1 |
| dost | 11, W 1 | eğlence yeri | 13, W 1 |
| döner kebap | 7, W 1 | ehliyet | 12, W 1 |
| dönmek | 6, W 1 | ek masraflar | 9, W 1 |
| dört yol ağzı | 12, W 3a | ekfiil | 1, W 2 |
| döviz | 6, W 3b | ekim | 8, W 1; W 4d |
| dövmek | 13, W 1 | ekmek | 4, W 1 |
| dudak | 9, W 1 | ekmek yapmak | 14, W 1 |
| durak | 8, W 1 | ekseriyetle | 6, W 1 |
| durmadan | 13, W 1 | eksi | 13, W 1 |
| durmak | 8, W 1 | eksik | 11, W 1 |
| duş | 8, W 1 | eksik olma(yın) | 6, W 4b |
| duş almak | 8, W 1 | ekspres | 8, W 1 |
| duş yapmak | 8, W 1 | ekspres (mektup) | 6, W 3a |
| duvar saati | 8, W 3b | el | 9, W 1 |
| duymak | 11, W 1 | el freni | 12, W 3b |
| düğme | 14, W 1 | elbette | 7, W 1 |
| dükkân | 7, W 2 | elbise | 7, W 1 |
| dümdüz | 12, W 1 | eldiven | 7, W 3 |
| dün | 8, W 1 | elektrik | 7, W 1 |
| dünkü | 8, W 1 | elektrikçi | 14, W 1 |
| dünya | 10, W 1 | elektrikli fırın | 11, W 1 |
| düşmek | 11, W 1; 15, W 1 | eline sağlık, elinize sağlık | 9, W 4c |
| düşünmek | 9, W 1; 12, W 1; 15, W 1 | elini çabuk tut | 9, W 4c |
| düşünür | 13, W 1 | eller yukarı | 12, W 1 |
| düz | 12, W 1 | ellerinden öperim | 13, W 4 |
| | | ellerinizden öper | 13, W 4 |
| -e hali | 6, W 2 | elma | 5, W 1 |
| eczane | 11, W 1 | emanet | 8, W 1 |

| | | | |
|---|---|---|---|
| fitil | 11, W 3b | genellikle | 6, W 1 |
| fiyat | 7, W 1 | general | 9, W 1 |
| formüler | 6, W 1 | geniş | 13, W 1 |
| fotoğraf | 10, W 1 | geniş zaman | 13, W 2 |
| fotoğraf çekmek | 7, W 1 | gerçekten | 13, W 1 |
| francala | 4, W 1 | gerek | 15, W 1 |
| Fransız | 11, W 1 | gerek ... gerek | 12, W 1 |
| fren | 4, W 1 | gerekli | 10, W 1; 15, W 1 |
| futbol | 10, W 1 | gerekmek | 15, W 1 |
| | | geri | 8, W 1; 12, W 1 |
| Galata Köprüsü | 11, W 1 | geri almak | 13, W 1 |
| Galata Kulesi | 1, W 1 | geri götürmek | 13, W 1 |
| galiba | 9, W 1 | geri kalmak | 8, W 1 |
| gar | 12, W 3a | geri vermek | 14, W 1 |
| garip | 15, W 1 | gerilim filmi | 13, W 1 |
| garson | 6, W 1; 12, W 1 | getirmek | 5, W 1 |
| gazete | 1, W 1 | gezi | 13, W 1 |
| gazeteci | 14, W 1 | gezmek | 10, W 1; 12, W 1 |
| gazetecilik | 14, W 1 | gibi | 7, W 1; 9, C. 7. |
| gazoz | 7, W 1 | gidiş dönüş | 8, W 1 |
| gece | 8, W 1 | gidelim | 15, W 4 |
| gece gündüz | 8, W 1 | giriş | 12, W 1a |
| gece yarısı | 8, W 3a | girmek | 7, W 1 |
| gecelik | 7, W 3 | gişe | 6, W 1 |
| gecikme | 8, W 1 | gitar | 4, W 1 |
| geç | 8, W 1 | gitmek | 4, W 1 |
| geç kalmak | 8, W 1 | gittikçe | 15, W 1 |
| geçen | 8, W 1 | giyecek | 7, W 1 |
| geçen gün | 8, W 1 | giyinmek | 15, W 1 |
| geçenlerde | 8, W 1 | giymek | 7, W 1 |
| geçirmek | 10, W 1 | göğüs | 9, W 1 |
| geçiyor | 8, W 1 | gök | 13, W 1 |
| geçmek | 10, W 1; 12, W 1 | gök gürlüyor | 15, W 3 |
| geçmiş olsun | 7, W 4 | gök gürültüsü | 15, W 3 |
| gelecek | 8, W 1 | gökyüzü | 9, W 1 |
| gelecek zaman | 12, W 2 | göl | 15, W 3 |
| gelmek | 4, W 1; 10, W 1 | gömlek | 7, W 1 |
| gemi | 6, W 1 | gönderen | 6, W 1 |
| genç | 5, W 1 | göndermek | 6, W 1 |
| gençler | 3, W 1 | görmek | 7, W 1 |
| gene | 10, W 1 | görülmeğe değer | 13, W 1 |
| gene buyurun | 5, W 1 | görülmeğe değer yer | 13, W 1 |

| | | | |
|---|---|---|---|
| görümce | 9, W 3a | haberim yok | 11, W 4b |
| görüşmek | 11, W 1 | hadi bakalım | 15, W 4 |
| görüşürüz | 1, W 1 | hafif | 5, W 1 |
| göstermek | 7, W 1 | hafta | 6, W 1 |
| götürmek | 7, W 1 | hafta sonu | 13, W 1 |
| göz | 7, W 1 | hak | 9, W 1 |
| gözlerinden öperim | 13, W 4 | hakikat | 5, W 1 |
| gözlük | 1, W 1 | hakikaten | 5, W 1 |
| gözlükçü | 14, W 1 | hakkın(ız) var | 9, W 4b |
| gözün(üz) aydın | 9, W 4a | hakkında | 9, W 1 |
| gram | 5, W 1 | haklısın(ız) | 13, W 1 |
| gri | 7, W 1 | hala | 9, W 1 |
| grip | 11, W 1 | hâlâ | 9, W 1 |
| gül | 7, W 1 | hah | 9, W 1 |
| güle güle | 1, W 1 | halk | 13, W 1 |
| güle güle giy(in) | 6, W 4b | halk müziği | 13, W 1 |
| güle güle kullan(ın) | 6, W 4b | hamal | 14, W 1 |
| güle güle otur(un) | 6, W 4b | hamam | 10, W 1 |
| gülmek | 4, W 1 | hangi | 7, W 1 |
| gümrüğe tabi | 12, W 1 | hangisi | 11, W 1 |
| gümrük | 12, W 1 | hanım | 2, W 2; 9, W 3b |
| gümrük beyannamesi | 12, W 1 | hanımefendi | 2, W 1 |
| gümrük memuru | 12, W 1 | hap | 9, W 1 |
| gün | 6, W 1 | harcamak | 6, W 1 |
| günaydın | 1, W 1 | hareket | 8, W 1 |
| gündüz | 8, W 1 | hareket etmek | 8, W 1 |
| günlerden bir gün | 13, W 1 | harf | 1, W 2 |
| güneş | 7, W 1 | harika | 7, W 1; 13, W 1 |
| güneşlenmek | 15, W 1 | harita | 11, W 1 |
| güneşli | 7, W 1 | hasta | 2, W 1; 6, W 1 |
| güney | 11, W 1 | hasta olmak | 11, W 3b |
| güneybatı | 11, W 1 | hastalanmak | 11, W 3b |
| güneydoğu | 11, W 1 | hastalık | 11, W 1 |
| Güneydoğu Anadolu | 11, W 1 | hastane | 11, W 1 |
| günlük | 11, W 1 | haşlanmış yumurta | 15, W 1 |
| gürültü | 4, W 1 | hata | 12, W 1 |
| güzel | 5, W 1 | hatırın(ız) için | 13, W 1 |
| güzellik | 14, W 1 | hatta | 12, W 1 |
| | | hava | 5, W 1; 13, W 1; 15, W 1 |
| | | hava raporu | 15, W 1 |
| haber | 7, W 1 | havale | 6, W 3a |
| haberim var | 11, W 4b | | |

| | | | |
|---|---|---|---|
| havlu | 14, W 1 | her zaman | 8, W 1 |
| havza | 11, W 1 | herkes | 14, W 1 |
| hayat | 13, W 1 | hesabı lütfen | 12, W 1 |
| haydi | 7, W 1 | hesap | 6, W 1; 12, W 1 |
| hayır | 1, W 1 | hesap açtırmak | 6, W 1 |
| hayırlı geceler | 1, W 3 | hesap cüzdanı | 6, W 3 |
| hayırlı işler | 5, W 3 | hesaplamak | 5, W 1 |
| hayırlı olsun | 7, W 4 | heykel | 12, W 1 |
| hayvan | 12, W 4a | Hıristiyan | 14, W 1 |
| hayvanat bahçesi | 12, W 4a | Hıristiyanlık | 14, W 1 |
| hazır | 8, W 1 | hırka | 7, W 1 |
| hazırlamak | 6, W 1 | hırsız | 4, W 1 |
| hazırlanmak | 8, W 1; 12, W 1 | hızlı | 7, W 1 |
| hazine | 12, W 1 | hiç | 10, W 1 |
| haziran | 8, W 1; W 4d | hiç bir şey | 10, W 1 |
| hece | 1, W 2 | hiç bir yerde | 10, W 1 |
| hece ayrımı | 1, W 2 | hiç bir zaman | 10, W 1 |
| hediye | 9, W 1 | hiç kimse | 10, W 1 |
| hediyelik eşya | 12, W 1 | hiç zahmet olur mu | 13, W 1 |
| hem | 12, W 1 | hikâye | 9, W 1 |
| hem de nasıl | 12, W 1 | hizmet | 11, W 1 |
| hem ... hem | 12, W 1 | hoca(m) | 9, W 4a |
| hemen | 8, W 1 | hoş | 10, W 1 |
| hemen hemen | 7, W 1 | hoşça kal(ın) | 1, W 3 |
| hemşire | 11, W 1 | hoş bulduk | 10, W 1 |
| henüz | 10, W 1 | hoş geldin(iz) | 10, W 1 |
| hep | 12, W 1 | hoşlanmak | 15, W 1 |
| hepimiz | 14, W 1 | hoşuna gitmek | 11, W 1 |
| hepiniz | 14, W 1 | hukuk | 11, W 1 |
| hepsi | 5, W 1; 10, W 1; 14, W 1 | | |
| hepsi bu kadar | 5, W 1 | ılık | 13, W 1 |
| hepsi ne kadar ediyor | 5, W 1 | ılıman | 15, W 3 |
| her | 6, W 1 | ısı | 15, W 1 |
| her an | 15, W 1 | ısınmak | 15, W 3 |
| her gün | 6, W 1 | ıslak | 15, W 3 |
| her halde | 3, W 1 | ıslaklık | 15, W 3 |
| her hangi | 14, W 1 | ıslanmak | 15, W 1 |
| her iki | 14, W 1 | ışık | 7, W 1 |
| her ikisi | 14, W 1 | ızgara | 12, W 1 |
| her şey | 9, W 1; 10, W 1; 14, W 1 | -i hali | 7, W 2 |
| her yer(de) | 14, W 1 | icap etmek | 15, W 1 |
| | | İç Anadolu | 11, W 1 |

| | | | |
|---|---|---|---|
| iç kesimler | 15, W 1 | ilkokul | 11, W 1 |
| içecek | 12, W 1 | iltifat | 13, W 1 |
| içerde | 12, W 1 | iltifat etmek | 13, W 1 |
| içeri | 12, W 1 | iltihap | 11, W 3b |
| içeri girmek | 12, W 1 | imam | 12, W 1 |
| için | 6, W 1; 9, C.7. | imambayıldı | 12, W 1 |
| içinde | 7, W 1 | imdat | 12, W 1 |
| içki | 12, W 1 | imza | 11, W 1 |
| içmek | 6, W 1; 11, W 1 | imzalamak | 11, W 1 |
| içten | 10, W 1 | -in hali | 9, W 1 |
| içten selamlar | 10, W 1 | inanmak | 13, W 1 |
| idare eder | 7, W 1 | ince | 14, W 1 |
| idrar | 11, W 1 | inci | 10, W 1 |
| idrar tahlili | 11, W 1 | indirim | 8, W 1 |
| iğne | 11, W 3b | İngiliz | 4, W 1 |
| iğne olmak | 11, W 3b | İngilizce | 4, W 1 |
| iğne yapmak | 11, W 3b | inmek | 8, W 1; 10, W 1; 15, W 1 |
| ihtiyacı olmak | 11 | insan | 2, W 1 |
| ihtiyaç | 11, W 1 | insan vücudu | 11, W 3a |
| ihtiyar | 5, W 1 | insanlar | 2, W 1 |
| ikisi de | 11, W 1 | inşaat | 9, W 1 |
| ikiz | 13, W 1 | inşallah | 3, W 1 |
| iklim | 15, W 3 | ise | 3, W 1 |
| ikram etmek | 13, W 1 | ishal | 11, W 1 |
| iktisat | 4, W 1 | isim | 9, W 1 |
| ilaç | 11, W 1 | iskambil | 13, W 1 |
| ilan | 9, W 1 | iskele | 12, W 3a |
| ile | 6, W 1; 9 | İskender Kebabı | 12, W 1 |
| ileri | 12, W 1 | ismim ... | 2, W 1 |
| ileri gitmek | 8, W 3b | ismin(iz) ne? | 2, W 1 |
| ilerlemek | 12, W 1 | İspanya | 4, W 3 |
| ilerletmek | 13, W 1 | İspanyol, İspanyolca | 4, W 1 4, W 1 |
| ilgeç | 1, W 2 | İstanbul Boğazı | 11, W 1 |
| ilgi | 10, W 1 | istasyon | 8, W 1 |
| ilgilenmek | 14, W 1 | istek kipi | 7, W 2 |
| ilginç | 10, W 1 | istemek | 4, W 1 |
| ilişikte | 10, W 1 | istifa etmek | 15, W 1 |
| ilk | 7, W 1; 10, W 1 | ış | 6, W 1 |
| ilk defa | 10, W 1 | işadamı | 11, W 1 |
| ilk olarak | 10, W 1 | işaret zamiri | 1, W 2 |
| ilk önce | 10, W 1 | işçi | 4, W 1 |
| ilkbahar | 8, W 1 | | |

| | | | |
|---|---|---|---|
| kısa | 5, W 1 | kitaplık | 5, W 1 |
| kısa boylu | 7, W 1 | klasik | 13, W 1 |
| kış | 8, W 1 | klasik müzik | 13, W 1 |
| kışın | 8, W 1 | koca | 9, W 1; W 3b |
| kışlık | 14, W 1 | koç | 9, W 1 |
| kıta | 15, W 3 | kol | 9, W 1 |
| kıyma | 7, W 1 | kol saati | 8, W 3b |
| kız | 2, W 1; 9, W 1 | kolay | 5, W 1 |
| kız arkadaş | 10, W 1 | kolay gelsin | 7, W 4 |
| kız çocuk | 2, W 1 | koli | 6, W 3a |
| kız kardeş | 9, W 1 | komedi | 7, W 1 |
| kızartma | 12, W 1 | komisyon | 9, W 3c |
| kızmak | 15, W 1 | komisyoncu | 9, W 3c |
| kibrit | 6, W 1 | komşu | 3, W 1 |
| kilim | 13, W 1 | konfor | 13, W 1 |
| kilise | 12, W 3a | konforlu | 13, W 1 |
| kilo | 5, W 1 | konser | 8, W 1 |
| kilosu | 5, W 1 | kontrol | 11, W 1 |
| kilo almak | 13, W 1 | konuk | 6, W 1 |
| kilo vermek | 13, W 1 | konuksever | 10, W 1 |
| kilometre | 5, W 3a | konuşma ücreti | 6, W 3a |
| kilometrekare | 5, W 3a | konuşmak | 4, W 1 |
| kim | 1, W 1 | korkmak | 15, W 1 |
| kim bilir | 13, W 4 | korku | 13, W 1 |
| kim bitirdi | 10, W 4 | korku filmi | 13, W 1 |
| kimden | 5, W 1 | korkunç | 7, W 1 |
| kime | 6, W 1 | korna | 12, W 3b |
| kimi | 7, W 1 | koşmak | 15, W 1 |
| kimi | 14, W 1 | koymak | 15, W 1 |
| kimi vakit, kimi zaman | 14, W 1 | koyu | 9, W 3d |
| kimin | 9, W 1 | köfte | 7, W 1 |
| kimse | 10, W 1; 14, C.6.2.C | kömür | 14, W 1 |
| kira | 9, W 1 | kömürlük | 14, W 1 |
| kiracı | 9, W 3c | köpek | 9, W 1 |
| kiralamak | 9, W 3c | köprü | 9, W 1 |
| kiralık | 9, W 1 | köşe | 11, W 1 |
| kirli | 13, W 1 | köşede | 11, W 1 |
| kirpik | 11, W 3a | kredi | 6, W 3b |
| kişi | 3, W 1 | krema | 7, W 1 |
| kitap | 1, W 1 | kul | 13, W 1 |
| kitapçı | 15, W 1 | kulak | 11, W 3a |

| | | | |
|---|---|---|---|
| kullanmak | 11, W 1; 12, W 1; 13, W 1 | Lira | 5, W 1 |
| kuraklık | 15, W 3 | lisan | 4, W 1 |
| Kurban Bayramı | 8, W 1 | lise | 11, W 1 |
| kurmak | 14, W 1 | litre | 5, W 3a |
| kurs | 3, W 1 | lokanta | 6, W 1 |
| kurşun | 11, W 1; 15, W 1 | lüks | 9, W 1 |
| kurşunkalem | 11, W 1 | lütfen | 2, W 1; 3, W 3 |
| kuru | 15, W 1 | | |
| kusur | 6, W 3b | maalesef | 3, W 1 |
| kusura bakma(yın) | 6, W 3b | Macar | 4, W 1 |
| kuş | 11, W 1 | Macaristan | 4, W 3 |
| Kuşadası | 11, W 1 | maden suyu | 5, W 3b |
| kutlamak | 13, W 4 | mağaza | 7, W 1 |
| kutlarım | 13, W 4 | mahvetmek | 15, W 1 |
| kutu | 13, W 1 | makine | 11, W 1 |
| kuvvetli | 11, W 1 | manav | 6, W 1 |
| kuzen | 9, W 1 | manto | 1, W 1 |
| kuzey | 11, W 1 | manzara | 9, W 1 |
| kuzeybatı | 11, W 1 | manzara kartı | 6, W 3a |
| kuzeydoğu | 11, W 1 | Marmara | 9, W 1 |
| küçücük | 13, W 1 | Marmara Bölgesi | 11, W 1 |
| küçük | 5, W 1 | Marmara Denizi | 11, W 1 |
| küçük ses (ünlü) uyumu | 1, W 2 | mart | 8, W 3d |
| kül | 11, W 1 | masa | 1, W 1 |
| kül tablası | 11.W 1 | masa saati | 8, W 3b |
| külot | 7, W 3 | masal | 7, W 1 |
| külotlu çorap | 7, W 3 | mastar | 4, W 2 |
| kürk | 7, W 3 | mastar eki | 4, W 2 |
| kürk manto | 11, W 1 | maşallah | 3, W 1 |
| | | mavi | 7, W 1 |
| | | maydanoz | 7, W 1 |
| lacivert | 9, W 3d | mayıs | 8, W 3d |
| lahmacun | 7, W 1 | mayo | 7, W 3 |
| lamba | 1, W 1 | mecbur olmak | 15, W 1 |
| lastik | 12, W 3b | mecmua | 1, W 1 |
| lastik patladı | 12, W 3b | medrese | 10, W 1 |
| lazım | 6, W 1 | mehtap | 15, W 3 |
| lezzetli | 7, W 1 | mektup | 4, W 1 |
| liman | 11, W 1 | memleket | 13, W 1 |
| liman şehri | 7, W 1 | memnun | 5, W 1 |
| limon | 7, W 1 | memnun oldum | 2, W 1 |
| limonata | 13, W 1 | memnun olmak | 10, W 1 |

| | | | |
|---|---|---|---|
| oraya | 6, W 1 | önek | 1, W 2 |
| orayı | 6, W 1 | önemli | 4, W 1 |
| Orhangazi | 4, W 1 | önlük | 7, W 3 |
| orman | 13, W 1 | örneğin | 5, W 1 |
| orta | 7, W 1; 11, W 1 | örgü | 13, W 1 |
| orta boylu | 7, W 1 | örgü örmek | 13, W 1 |
| orta şekerli | 13, W 1 | örmek | 13, W 1 |
| ortaokul | 11, W 1 | öteberi almak | 10, W 1 |
| ot | 9, W 1 | öteki | 14, W 1 |
| otel | 8, W 1 | ötmek | 15, W 1 |
| otobüs | 1, W 1 | ötürü | 15, W 1 |
| otobüs durağı | 12, W 1 | öyle | 8, W 1; 13, W 1; C.7.2. |
| otomobil | 1, W 1 | öyle mi? | 2, W 3 |
| oturma izni | 15, W 1 | özel isim | 1, W 2 |
| oturma odası | 13, W 1 | özel ulak | 6, W 3a |
| oturmak | 4, W 1; 13, W 1 | özellikle | 6, W 1 |
| oynamak | 4, W 1 | özgeçmiş | 10, W 1 |
| oyun | 6, W 1 | özne | 1, W 2 |
| oyuncak | 7, W 1 | özür dilerim | 3, W 3 |
| | | | |
| öbür | 14, W 1; C.6.2.a. | pabuç | 7, W 3 |
| öbür gün | 8, W 3c | pahalı | 5, W 1 |
| ödemek | 6, W 1; 15, W 1 | paket | 6, W 1; 11, W 1 |
| ödünç almak | 13, W 1 | palmiye | 10, W 1 |
| öğle(n) | 8, W 3a | palto | 7, W 3 |
| öğleden önce | 8, W 3a | Pamukkale | 12, W 1 |
| öğleden sonra | 8, W 1 | pansıman | 11, W 3b |
| öğlen yemeği | 8, W 1 | pansiyon | 14, W 1 |
| öğlen yemeği yemek | 8, W 1 | Pantkot Yortusu | 8, W 1 |
| öğleyin | 8, W 1 | pantalon | 1, W 1 |
| öğrenci | 2, W 1 | para | 3, W 1 |
| Öğrenci İşleri Bürosu | 11, W 1 | para çekmek | 6, W 1 |
| öğrenim yapmak | 11, W 1 | para yatırmak | 6, W 1 |
| öğrenmek | 4, W 1 | paranın üstü | 5, W 1 |
| öğretmen | 2, W 1 | paramparça | 10, W 1 |
| öksürmek | 11, W 1 | parçalı bulutlu | 15, W 1 |
| öksürük | 11, W 1 | pardesü | 7, W 3 |
| ölmek | 13, W 1 | pardon | 3, W 3 |
| Ölüdeniz | 13, W 1 | park | 4, W 1 |
| önce | 5, W 1 | park etmek, park | |
| önceden | 5, C.7. | yapmak | 14, W 1 |

| | | | | |
|---|---|---|---|---|
| roman | 13, W 1 | | salatalık | 5, W 3b |
| Romanya | 4, W 4 | | salı | 8, W 1; W 3d |
| Romanyalı | 4, W 4 | | salon | 11, W 1 |
| romatizma | 11, W 3b | | Samsun | 13, W 1 |
| rontken | 11, W 1 | | sana | 6, W 1 |
| rontkenini almak | 11, W 1 | | sana ne | 6, W 4a |
| rötar | 8, W 1 | | sanat | 13, W 1 |
| Rus | 4, W 1 | | sanat galerisi | 12, W 3a |
| Rusça | 4, W 1 | | sanat müziği | 13, W 1 |
| Rusya | 4, W 4 | | sancı | 11, W 3b |
| rüya | 8, W 1 | | sandalye | 1, W 1 |
| rüya görmek | 8, W 1 | | sandviç | 12, W 1 |
| rüzgâr | 15, W 1 | | saniye | 8, W 3b |
| rüzgârlı | 15, W 1; W 3 | | sanmak | 11, W 1 |
| | | | santim(etre) | 5, W 3a |
| saat | 8, W 1 | | sapmak | 12, W 1 |
| saat kaç | 8, W 1 | | saray | 10, W 1 |
| saat kaçta | 8, W 1 | | sargı | 11, W 3b |
| saate bakmak | 8, W 3b | | sarhoş | 11, W 1 |
| sabah | 8, W 1 | | sarhoş olmak | 11, W 1 |
| sabahleyin | 8, W 1 | | sarı | 7, W 1 |
| sabahlık | 7, W 3 | | satıcı | 7, W 1 |
| saç | 7, W 1 | | satılık | 9, W 1 |
| saç fırçası | 11, W 1 | | satın almak | 5, W 1 |
| sade | 3, W 1; 12, W 1 | | satmak | 7, W 1 |
| sadece | 3, W 1 | | satranç | 13, W 1 |
| sağ | 12, W 1 | | saygı | 10, W 1 |
| sağ ol | 1, W 1 | | saygılarımla | 10, W 1 |
| sağ olun | 1, W 4 | | sayı | 3, W 2 |
| sağda | 12, W 1 | | sayı sıfatı | 3, W 2 |
| sağlam | 5, W 1 | | sayın | 2, W 1; 10, W 1 |
| sağlık | 9, W 4c; 11, W 1 | | saymak | 11, W 1 |
| sağlığınıza | 9, W 4c | | saz | 4, W 1 |
| sahi mi? | 2, W 3 | | sebebiyle | 15, W 1 |
| sahil | 15, W 1 | | sebep | 15, W 1 |
| sahip | 9, W 1 | | sebze | 5, W 3b |
| sakal | 7, W 1 | | sebze çorbası | 12, W 1 |
| sakallı | 7, W 1 | | sefer | 13, W 1 |
| sakın | 6, W 1 | | sekreter | 5, W 1 |
| sakin | 13, W 1 | | sekreterlik | 14, W 1 |
| salam | 5, W 3b | | selam | 2, W 1 |
| salata | 7, W 1 | | selam söylemek | 10, W 1 |

| | | | |
|---|---|---|---|
| semt | 9, W 1 | sigorta | 12, W 1 |
| sen | 2, W 1 | silgi | 3, W 1 |
| sen bilirsin | 13, W 4 | simit | 15, W 1 |
| sene | 8, W 1 | sinema | 3, W 1 |
| seni | 7, W 1 | sinir | 11, W 3b |
| senin | 9, W 1 | sinirli | 11, W 3b |
| sepet | 5, W 1 | sirke | 7, W 1 |
| serbest | 14, W 1 | Sirkeci | 12, W 1 |
| ... serbest mi? | 14, W 1 | Sirkeci İstasyonu | 12, W 1 |
| sergi | 12, W 3a | sis | 15, W 1 |
| serin | 15, W 3 | sisli | 15, W 1 |
| ses | 13, W 1 | siyah | 7, W 1 |
| ses (ünlü) uyumu | 1, W 2 | siyah beyaz | 9, W 1 |
| sesbilgisi | 1, W 2 | siz | 2, W 1 |
| seve seve | 6, W 1 | siz bilirsiniz | 13, W 4 |
| sevgi | 10, W 1 | size | 6, W 1 |
| sevgiler | 10, W 1 | size ne | 6, W 4a |
| sevgili | 10, W 1 | sizi | 7, W 1 |
| sevinmek | 13, W 1 | sizin | 9, W 1 |
| sevmek | 5, W 1; 15, W 1 | soğuk | 5, W 1 |
| seyahat | 13, W 1 | soğuk algınlığı | 11, W 3b |
| seyahat etmek | 13, W 1 | soğumak | 8, W 1 |
| seyretmek | 4, W 1 | sohbet | 13, W 1 |
| sıcak | 5, W 1 | sohbet etmek | 13, W 1 |
| sıcaklık | 15, W 1 | sokak | 6, W 1 |
| sıhhat | 7, W 4; 9, W 4c | sol | 12, W 1 |
| sıhhatinize | 9, W 4c | sola | 12, W 1 |
| sıhhatler olsun | 7, W 4 | soluk | 11, W 3b |
| sık sık | 13, W 1 | son | 8, W 1 |
| sıkıcı | 11, W 1 | son defa | 10, W 1 |
| sınav | 13, W 1 | son model | 7, W 1 |
| sınıf | 3, W 1 | son olarak | 10, W 1 |
| sınır | 11, W 1 | sonbahar | 8, W 1 |
| sınır şehri | 11, W 1 | sonek | 1, W 2 |
| sıra bende (bizde) | 3, W 4 | sonra | 5, W 1 |
| sıra kimde | 3, W 4 | sonradan | 5, W 1; C.7.b. |
| sıra sayılar | 10, W 2 | sonuncu | 10, W 1 |
| sırayla | 6, W 1 | sonunda | 7, W 1 |
| sırasında | 15, W 1 | sorma | 12, W 1 |
| sigara | 1, W 1 | sormak | 6, W 1 |
| sigara içmek | 4, W 1 | soru | 1, W 2; 8, W 1 |
| sigarayı bırakmak | 11, W 1 | soru cümlesi | 1, W 2 |

| | | | |
|---|---|---|---|
| şurası | 11.W 1; C.3. | tarihi | 13, W 1 |
| şuraya | 6, W 1 | ... tarihli | 10, W 1 |
| şurayı | 7, W 1 | tarla | 13, W 1 |
| şurup | 11, W 1 | tasarruf hesabı | 6, W 3b |
| | | taş | 5, W 1 |
| taahhütlü | 6, W 3a | taşımak | 14, W 1 |
| tabak | 5, W 3c | taşınmak | 9, W 1 |
| tabiat | 13, W 1 | taşıt | 6, W 1 |
| tabii | 7, W 1 | tatil | 6, W 1 |
| tabla | 11, W 1 | tatlı | 12, W 1 |
| tahlil | 11, W 1 | tatmak | 4, W 1 |
| tahmin | 13, W 1 | tavla | 14, W 1 |
| tahmin etmek | 13, W 1 | tavsiye etmek | 12, W 1 |
| tahta | 1, W 1; 5, W 1 | taze | 5, W 1 |
| takım elbise | 7, W 3 | TCDD | 13, W 1 |
| takısız tamlama | 11, W 2 | tebeşir | 1, W 1 |
| taksi | 12, W 1 | tebrik | 13, W 4 |
| Taksim | 4, W 1 | tebrik ederim | 13, W 4 |
| takvim | 8, W 3d | tebrik etmek | 13, W 4 |
| tam | 8, W 1; 15, W 1 | tehlikeli | 11, W 1 |
| tam vaktinde | 8, W 1 | tek | 14, W 1 |
| tamam | 2, W 1; 11, W 1 | tek başına | 14, W 1 |
| tamir | 12, W 3b | tek katlı | 9, W 1 |
| tamir etmek | 14, W 1 | tek sayı | 14, W 1 |
| tamirci | 12, W 3b | teker teker | 14, W 1 |
| tamirhane | 12, W 3b | tekil | 1, W 2 |
| tamlama | 9, W 2 | teknik | 12, W 1 |
| tamlayan durumu | 9, W 2 | tekrar | 10, W 1 |
| tampon | 12, W 1 | tekrar etmek | 7, W 1 |
| tane | 3, W 1 | tekrarlamak | 7, W 1 |
| tanımak | 7, W 1 | telefon | 1, W 1 |
| tanınmış | 10, W 1 | telefon etmek | 4, W 1; 6, W 1 |
| tanışmak | 14, W 1 | telefon kartı | 6, W 1 |
| tanıştırabilir miyim? | 14, W 4 | telefon konuşması | 6, W 3a |
| tanıştırayım | 2, W 1 | telefon kulubesi | 6, W 3a |
| tansiyon | 11, W 3b | telefon numarası | 6, W 3a |
| taraf | 12, W 1; C.4. | telefon rehberi | 6, W 3a |
| tarhana çorbası | 12, W 1 | telefonu kapa(t)mak | 11, W 1 |
| tarif etmek | 12, W 1 | televizyon | 1, W 1 |
| tarife | 8, W 1 | televizyon seyretmek | 4, W 1 |
| tarih | 10, W 1 | telgraf | 0, W 1 |

| | | | |
|---|---|---|---|
| yahut | 7, W 1 | yaşamak | 11, W 1 |
| yakın | 5, W 1; 12, C.4.b. | yaşlı | 5, W 1 |
| yakında | 9, W 1 | yatak | 13, W 1 |
| yakında görüşmek üzere | 10, W 1 | yatak odası | 13, W 1 |
| yakışıklı | 7, W 1 | yatak takımı | 14, W 1 |
| yakışmak | 7, W 1 | yatırmak | 6, W 1 |
| yakmak | 7, W 1; 14, W 1 | yatmak | 8, W 1; 11, W 1 |
| yalamak | 14, W 1 | yatsı | 13, W 1 |
| yalan | 15, W 1 | yavaş | 5, W 1 |
| yalan söylemek | 15, W 1 | yaya | 6, W 1; 12, W 3a |
| yalancı | 13, W 1 | yaya geçidi | 12, W 3a |
| yalın hali (durumu) | 9, W 2 | yaz | 8, W 1 |
| yalnız | 7, W 1; 14, W 1 | yazar | 8, W 1 |
| yalnız başına | 14, W 1 | yazı | 10, W 1 |
| yalnız değil ... aynı | | yazıhane | 9, W 1 |
| zamanda | 13, W 1 | yazık | 9, W 1 |
| yan cümle | 1, W 2 | yazılı | 11, W 1 |
| yanak | 11, W 3a | yazın | 8, W 1 |
| yandaki | 6, W 1 | yazlık | 14, W 1 |
| yanıt | 6, W 1 | yazmak | 4, W 1; 14, W 1 |
| yanıtlamak | 8, W 1 | yedek lastik | 12, W 3b |
| yanlış | 5, W 1 | yedek parça | 12, W 3b |
| yanlışın(ız) var | 9, W 4b | yedeksubay | 11, W 1 |
| yanlışlıkla | 6, W 1 | yeğen | 9, W 3a |
| yanmak | 13, W 1 | yelek | 7, W 3 |
| yapma | 6, W 4b | yemek | 4, W 1 |
| yapmak | 4, W 1 | yemek listesi | 12, W 1 |
| yardım | 6, W 1 | yemek pişirmek | 4, W 1 |
| yardım etmek | 6, W 1 | yemek yemek | 4, W 1 |
| yardımcı fiil | 1, W 2 | yenge | 9, W 1 |
| yarım | 5, W 1; 6, W 1 | yeni | 1, W 1; 13, W 1 |
| yarım kilo | 5, W 1 | Yeni Cami | 12, W 1 |
| yarın | 3, W 1 | yeniyıl | 8, W 3d |
| yarın sabah | 11, W 1 | yeniyılın(ız) kutlu olsun | 9, W 1 4a |
| yarınki | 15, W 1 | yer | 10, W 1; 3, W 1; 15, W 1 |
| yarıyıl | 8, W 1 | yeraltı geçidi | 12, W 3a |
| yasak | 13, W 1; 15, W 1 | yerine | 15, W 1 |
| yasak etmek | 15, W 1 | yeşil | 7, W 1 |
| yastık | 14, W 1 | yeter | 13, W 1; W 4 |
| yaş | 13, W 1 | yeterli | 13, W 1 |
| yaşam | 13, W 1 | yetişmek | 14, W 1 |
| yaşantı | 13, W 1 | | |

| | | | |
|---|---|---|---|
| yetmek | 13, W 1 | yüzlerce | 13, W 1 |
| yıkanmak | 8, W 1 | yüzmek | 13, W 1 |
| yıl | 5, W 1 | yüzölçümü | 11, W 1 |
| yılbaşı (gecesi) | 8, W 1 | yüzücü | 14, W 1 |
| yıldırım | 15, W 3 | yüzünden | 15, W 1 |
| yıldırım düşmek | 15, W 3 | | |
| yıldız | 15, W 3 | zahmet | 13, W 1 |
| … yılında | 11, W 1 | zahmet etmeyin | 13, W 1 |
| yine | 10, W 1 | zam | 15, W 1 |
| yine de | 9, W 1 | zaman | 9, W 1 |
| yiyecek | 5, W 1; W 3b | zamir | 1, W 2 |
| yoğunbakım | 11, W 3b | zarar | 9, W 4b |
| yoğurt | 5, W 3b | zararı yok | 9, W 4b |
| yok | 3, W 1 | zarf | 6, W 1 |
| yoksa | 7, W 1; 14, W 1 | zaten | 7, W 1 |
| yoksul | 5, W 1 | zayıflamak | 13, W 1 |
| yokuş | 12, W 3a | zelzele | 15, W 3 |
| yol | 5, W 1 | zengin | 5, W 1 |
| yola çıkmak | 12, W 1 | zeytin | 5, W 1 |
| yola devam etmek | 13, W 1 | zeytinyağ(ı) | 11, W 1 |
| yolcu | 12, W 1 | ziyade | 7, W 1 |
| yolculuk | 6, W 1 | ziyade olsun | 7, W 4 |
| yolculuk nasıl geçti? | 10, W 1 | ziyan | 9, W 4b |
| yolda | 8, W 1 | ziyanı yok | 9, W 4b |
| yorgan | 14, W 1 | ziyaret | 10, W 1 |
| yorgun | 2, W 1 | ziyaret etmek | 10, W 1 |
| yortu | 8, W 1 | zor | 5, W 1 |
| yönelme durumu | 6, W 2 | zorunda (olmak) | 15, W 1 |
| yukarı | 12, W 1 | zorunda kalmak | 15, W 1 |
| yumurta | 5, W 3b | | |
| yurt | 11, W 1 | | |
| yurt bilgisi | 11, W 1 | | |
| yurt dışı | 6, W 1 | | |
| yurt içi | 6, W 1 | | |
| yüklem | 1, W 2 | | |
| yüksek | 15, W 1 | | |
| yüksek basınç | 15, W 1 | | |
| yüksek sesle | 6, W 1 | | |
| yükselmek | 15, W 1 | | |
| yürüyerek | 6, W 1 | | |
| yüz | 3, W 1 | | |
| yüz | 11, W 1 | | |

# Günaydın

Einführung in die moderne türkische Sprache
Ein Lehrgang mit vielen Illustrationen, Fotos, Karikaturen,
Gedichten, Anekdoten und Liedern
Von Alev Tekinay unter Mitwirkung von Osman Tekinay

---

Der Türkisch-Lehrgang GÜNAYDIN beinhaltet neben dem vorliegenden ersten Buch auch einen zweiten Band (Teil 2), der alle Erscheinungsformen der türkischen Grammatik und einen großen Teil des Wortschatzes umfaßt. Auch der zweite Band verfügt über ein Begleitheft mit der Übersetzung aller Texte und Dialoge, dem Schlüssel der Übungen und einer Gesamtwörterliste.
GÜNAYDIN eignet sich sowohl für Selbstunterricht als auch für das interaktive Lernen mit zahlreichen Partnerübungen.

Begleitmaterial zu Band 1:
4 CDs. Texte und Übungen,
(3-89500-278-X)

## Schlüssel zu Teil 1
136 S., kart., (3-89500-276-3)

## Paket zu Teil 1:
Lehrbuch, Schlüssel + 4 CDs,
(3-89500-009-4)

## Günaydın, Teil 2:
## Türkisch für Fortgeschrittene
436 Seiten mit 50 Abbildungen, kart.,
(3-88226-295-8)

## Schlüssel zu Teil 2
90 S., kart., (3-88226-370-9)

## Günaydın, Teil 3:
## Türkische Texte
## Lese- und Arbeitsbuch
218 Seiten, 92 Abb., geb.,
(3-88226-852-2)

## Sesatürk
Vokabeltrainer zum Türkisch-Lehrgang „Günaydın". Programm auf Diskette.
Von Klaus und Fritjof Binder
3,5"-Diskette, Handbuch mit 24 Seiten, kart., (3-88226-750-X)

## Sprachvergleich
## Deutsch – Türkisch
Möglichkeiten und Grenzen einer kontrastiven Analyse.
Von Alev Tekinay
111 S., kart., (3-88226-396-2)

## Ich spreche Türkisch
Ein Sprachführer mit vielen Gesprächssituationen des Alltags, Kurzgrammatik und Aufbauwortschatz
Von Alev Tekinay
185 Seiten, kart., (3-88226-367-9)

# Arabisch

Lehrgang für die arabische Schriftsprache der Gegenwart
In Verbindung mit Nabil Jubrail von Wolfdietrich Fischer und Otto Jastrow

## Band 1. Lektionen 1-30
476 Seiten, geb., (3-88226-865-4)

## Beiheft zu Band 1
116 Seiten, kart., (3-88226-866-2)

## Kassetten zu Band 1
Lektionen 1-30. Enthalten sämtliche
Übungsstücke mit Sprachlaborübungen
5 Kassetten, (3-88226-918-9)

## Paket zu Teil 1:
Lehrbuch, Beiheft + Kassetten,
(3-89500-010-8)

## Band 2. Lektionen 31-40
Wörterverzeichnis, Paradigmentafeln,
syntaktische Strukturen und Einführung
in die literarische Sprache.
402 S., kart., (3-88226-290-7)

## Kassetten zu Teil 2
Lektionen 31-40.
5 c-90-Kassetten, (3-88226-560-4)

Weitere Materialien
für den Arabischunterricht:

## Ahlan wa Sahlan
Eine Einführung in die Kairoer
Umgangssprache
Von Manfred Woidich
2., überarb. Aufl., 376 S., kart.,
(3-89500-265-8)

## Schlüssel
60 S., kart., (3-88226-517-5)

## Lernwortschatz Arabisch
Von Ingelore Goldmann-Mutlak
2., überarb. Aufl., 316 Seiten, kart.,
(3-88226-689-9)

## Gesprächsbuch Deutsch–Arabisch
Von Monem Jumaili
2., überarb. Aufl., 320 Seiten, kart.,
(3-88226-827-1)

## Sprachführer Syroarabisch
Von Helmut Kühnel
154 Seiten, kart., (3-88226-968-5)

## Materialien für den Arabisch- unterricht
unter Berücksichtigung des
Häufigkeitswortschatzes
Von Martin Forstner
304 Seiten, kart., (3-88226-369-5)

## Wortschatz Politik – Wirtschaft – Geographie
Deutsch-Arabisch Arabisch-Deutsch
Von Hans-Hermann Elsäßer und Inge-
lore Goldmann
544 S., geb., (3-89500-102-3)

## Konversationskurs Arabisch
Übungsbuch zur modernen Kommuni-
kation in der arabischen Schriftsprache
Von Zafer Youssef und Werner Arnold
328 Seiten, kart., (3-89500-195-3)